BBC

ITALIANISSIMO 1

BEGINNERS' ACTIVITY BOOK

Rossella Peressini

Dott. Lingue e Lett. Moderne (Venezia)

Language Tutor, University of Warwick

Loredana Polezzi

Dott. Lingue e Lett. Moderne (Siena), MA (Warwick)

Lecturer in Italian, University of Warwick

NTC *Publishing Group*
a division of NTC/CONTEMPORARY PUBLISHING GROUP
Lincolnwood, Illinois USA

Acknowledgments

The authors and publishers would like to thank the following for permission to reproduce copyright material: La Casina delle Rose (GRAIT) for the Ristorante Ciao advertisement (p. 11); Grandi Edizioni Milanesi s.r.l. for two reviews published in *Il Cartellone di Milano* (p. 39); *La Settimana Enigmistica* for 6 cartoons published in No 3149, Anno 61 (per gentile concessione de La Settimana Enigmistica, copyright reserved), (p. 45); Azienda di Promozione Turistica, Madonna di Campiglio and La Famiglia Cooperativa di Pinzolo (p. 57, p. 59); la Repubblica, s.p.a. for an article by Alessandra Rota "Vogliamo pantaloni di Chiffon" published in *Venerdì di Repubblica*, supplemento No. 303, 17 dicembre 1993 (p. 62); *La Stampa* for a weather map (p. 33); and F&M Sistemi di Sicurezza s.r.l. for an advertisement (p. 41).

ISBN: 0-8442-8720-2

This edition first published in 1995 by NTC Publishing Group, a division of NTC/Contemporary Publishing Group, Inc., 4255 West Touhy Avenue, Lincolnwood (Chicago), Illinois 60646-1975 U.S.A.
© 1994 BBC Worldwide Limited

8 9 ML 0 9 8 7 6 5 4 3 2

Contents

Foreword

This activity book has been devised mainly for learners who are using the *Italianissimo 1* coursebook and recordings. It consists of ten units and two revision sections and it provides a series of activities which cover the main topics presented in the course.

The activity book can be used for revision, or it can supply additional material during the learning process. Each section practises the vocabulary and functions met in the corresponding unit of the coursebook, yet from a different and original angle.

In line with the overall strategy of the *Italianissimo* course, we have taken a communicative approach. Activities are set in context, and learners are required to perform realistic tasks in the target language. Each chapter opens with a clear indication of the functions revised, while for each task we have specified the language structures and skills practised. Learners are thus offered the opportunity to direct their learning (or revision) path, choosing those activities which best suit their individual needs. In addition, learners' involvement and motivation have been encouraged by suggesting various ways of personalising activities.

Most activities integrate two or more of the four macro-skills. Reading skills are catered for throughout the book, and we have placed particular emphasis on authentic materials, which are meant to encourage the learners to have a go at longer, more complex texts, while familiarising them with contemporary Italian society. Reading often leads to writing activities. Listening skills are practised by returning to the *Italianissimo 1* recordings with new tasks in mind. Finally, many of the tasks can be performed orally as well as in writing, and occasional suggestions have been made to this effect.

The two revision units can be used for self-assessment, helping autonomous learners to track their progress and focus on weak spots. At the same time, these two sections offer an opportunity to further integrate skills and language structures which had been previously presented separately.

Finally, we would like to underline that, while the book is meant to be compatible with the needs of the independent learner, it can also be used in a group or classroom situation, and activities which are particularly suitable for group or pair work have also been included. Keys have been provided for the vast majority of activities; however, some of the solutions we suggest are not the only possible ones, and teachers, in particular, should feel free to open up activities when using this book.

Rossella Peressini & Loredana Polezzi
University of Warwick, 1994

Immagini ▮ **1**

> **OBJECTIVES**
>
> Saying hello and goodbye | Identifying people and objects
> Making simple requests | Saying where things are

1 Spelling

Pronunciation: giving your name over the phone

1 When spelling names, especially over the phone, Italians tend to specify each letter of the alphabet using the name of an Italian town beginning with it: for instance, '*A come Ancona*' ('A as in Ancona'). For *H, J, K, W* and *Y* they use foreign words.

Below is a complete list. Use it to introduce yourself over the phone: first say who you are and then spell your own name and surname.

A come Ancona	N come Napoli
B come Bologna	O come Otranto
C come Como	P come Padova
D come Domodossola	Q come Quarto
E come Empoli	R come Roma
F come Firenze	S come Savona
G come Genova	T come Torino
H come Hotel	U come Udine
I come Imola	V come Venezia
J come Jazz	W come Waltzer
K come Karatè	X come Xilofono
L come Livorno	Y come Yoga
M come Milano	Z come Zara

2 Now spell for an Italian the following names: *John Parry, Esther Young, Frances e Nick McAllistair.*

2 Scioglilingua

Pronunciation

Did you enjoy the tongue-twister in the coursebook? Here is another one to try (it means: *On the bench the goat thrives; under the bench the goat dies!*):

Sopra la panca la capra campa, sotto la panca la capra crepa.

3 Buongiorno!

Use the correct form of greeting

Look at the grid below. For each situation, there are three possible greetings: which is the appropriate one to use in the circumstances?

Time	Arriving	Leaving	Formal	Informal	Greeting
18:00	X		X		Ciao Buonasera Arrivederci
11:00	X		X		Buongiorno Ciao Buonasera
23:30		X		X	Buongiorno Buonasera Buonanotte
16:00	X			X	Buon pomeriggio Buonasera Ciao
10:00		X	X		Arrivederci Buonanotte Ciao
18:30		X		X	Ciao Buon pomeriggio Buonanotte

4 Al bar
Use your dialogue skills

Complete the following mini-dialogues with the appropriate expression. Choose from the following:

grazie   prego   per favore   va bene

a *Cameriere:* Buongiorno, desidera?
Turista: Un gelato, _____ .
Cameriere: Sì. Vaniglia o cioccolato?
Turista: _____ il cioccolato.

b *Turista:* Buonasera, un caffè e un cappuccino, _____ .
Cameriere: Ecco il caffè e il cappuccino.
Turista: _____.
Cameriere: _____, buongiorno.

c *Turista:* Buongiorno, una birra, _____.
Cameriere: _____ questa?
Turista: Sì, _____, grazie.

5 In originale: L'Italia a tavola
Practise your pronunciation

These are some Italian delicacies you may now find even outside Italy. But can you pronounce their names correctly?

6 Eat the right thing!
Test your knowledge of the definite articles

Match the English statements to the Italian words in the wheel and then for each word insert the appropriate definite article. E.g.:

Eating it helps you develop big muscles!
Gli spinaci

a Snow-white was persuaded to eat one.

b Meat traditionally eaten at Easter in many Italian regions.

c It is meant to work against vampires.

d English people eat them on toast.

e Eating them helps you to see in the dark!

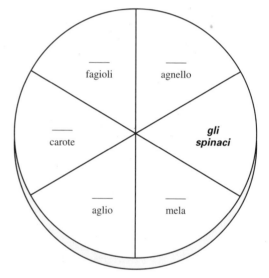

7 Odd man out!
More on definite articles

In each group all the words but one have the same definite article. Fill in the gaps and find the odd man out:

il **caffè;** *il* **cappuccino;** *il* **tè;** *la* **birra**

a _____bambina; _____ragazza; _____bambino; _____donna

b _____cameriere; _____ragazzo; _____figli; _____bambino

c _____patata; _____cipolla; _____zucchine; _____frutta

d _____piselli; _____agnello; _____indirizzo; _____amaro

8 Guessing game

Test your vocabulary

Complete the unfinished words to find out the places where the various objects are to be found:

a Il prosciutto è in C _ _ I _ A

b Il prezzemolo e il basilico sono in GI _ _ D _ _O

c La borsa è in SA _ _ T _ O

d Il libro è in CA _ _ _ A

9 In originale: Emergency Call!

Practise your numbers

Below is an extract from the phone-book for Siena, in Tuscany. Can you find the numbers to call if:

a there is an emergency of any sort _____

b you need to send a telegram _____

c you have a problem with the electricity supply _____

d somebody needs an ambulance _____

e you need information on trains and train tickets _____

Now read the numbers aloud in Italian (one digit at a time) and write them down (in letters!).

10 Riascolta un po' 🔲

Pronunciation: double consonants and other sounds

Listen to **Interaction 7** on your CD or cassette. Can you spot:

a three words which contain double consonants?

b one word which contains the sound *gl*?

c two words which contain the sound *gn*?

d three words with the sound *qu*?

11 In, a, or di?

Use the right preposition

1 The questions below are incomplete. Can you fit the right prepositions in the spaces? You can choose from **a**, **in** and **di**:

Il campanile *di* Giotto è *a* Firenze, *in* Toscana?

a I trulli _____ Alberobello sono _____ Sicilia?

b L'Italia _____ Miniatura è _____ Roma?

c La torre _____ Pisa è _____ Piemonte?

d Il Vesuvio è _____ Napoli, _____ Campania?

2 Now test your knowledge of Italy. Can you answer the questions? **a** has been done for you.

a No, i trulli di Alberobello non sono in Sicilia, sono in Puglia.

Chiamate di emergenza e di pubblica utilità

113 SOCCORSO PUBBLICO DI EMERGENZA

112 CARABINIERI PRONTO INTERVENTO

SOCCORSO STRADALE ACI	tel. 116
Centro assistenza telefonica	tel. (06) 4212
PERCORRIBILITÀ STRADE DELLA TOSCANA	
Chiamate dal distretto di	
Siena e Arezzo	tel. 194
da altri distretti	tel. (055) 2692
PRONTO SOCCORSO	
Autoambulanze:	
Croce Rossa Italiana	tel. 280009
Misericordia	tel. 280028
Pubblica Assistenza	tel. 280110
Soccorso medico urgente	
Presidio Ospedaliero «Le Scotte»	tel. 290111
Guardia medica nott. e festiva	tel. 290466
A.V.I.S.	tel. 284137
CARABINIERI	tel. 42356

POLIZIA DI STATO	tel. 41061
VIGILI URBANI	tel. 292292
VIGILI DEL FUOCO	tel. 44444
	(prenderà il n. 115)
POLIZIA STRADALE	tel. 47047
SEGNALAZIONE GUASTI	
Acqua	tel. 292257
Energia Elettrica - ENEL	tel. 47050
Gas	tel. 280035
Telefono: App. norm. e pubblici	tel. 182
Imp. interni speciali	tel. 183
Trasmissione dati	tel. 189
FERROVIE DELLO STATO	
Informaz. e biglietteria (orario: 8-12; 14-18)	tel. 280115
TRA-IN - CONS. INTERCOM. TRASPORTI	tel. 221221
UFFICIO ACCETTAZIONE TELEFONATE INTERURBANE ED INTERNAZIONALI	
SIP, v. dei Termini 40 (orario: 8-20,45)	tel. 40186
SIP, v. Pantaneto 44 (orario: 7,30-22)	
SIP, v. Vitt. Emanuele 15 (orario: 7,30-22)	
POSTI TELEFONICI PUBBLICI	
Bar Cecco, vl. Cavour 222 (orario: 5-1)	tel. 47491
Bar Nannini, p. Matteotti (orario: 7,30-20)	tel. 42366
Bar Quattro Cantoni, v. di Città 137	
(orario: 8-20)	tel. 49349
Circolo Ricreativo, loc. Uopini (orario: 10-20)	tel. 54441
Misericordia, v. del Porrione 49 (orario: 1-6)	tel. 287431
DETTATURA TELEGRAMMI	
NAZIONALI ED ESTERI	tel. 186
SIP - Uffici Commerciali	tel. 187

12 Diet works wonders!

Practise the indefinite articles

I The following diet works wonders if followed for a whole month. Fill in the gaps with the indefinite articles **un/una**.

La Dieta Miracolosa!

COLAZIONE:

_____ caffè lungo e _____ banana.

PRANZO:

_____ bistecca, _____ pomodoro e _____ pera.

CENA:

_____ salsiccia, _____ finocchio e _____ mela.

---

2 Now write down a diet you would recommend to a vegetarian friend!

13 Ecco il vino

*Respond to requests using **ecco***

Play the role of the waiter. What would you say in response to these requests? Notice that you will have to change the type of article, from indefinite to definite.

Un vino bianco, per favore. *Ecco il vino.*

a Un espresso, per favore. _____

b Un tè, per favore. _____

c Un'aranciata, per favore. _____

d Una pasta, per favore. _____

e Un amaro, per favore. _____

f Una cioccolata calda, per favore. _____

14 Do you want one or two?

Ask for things in singular or plural

You are in a shop, and the person in front of you has just asked for something. From the assistant's answer, can you guess how many of each item your neighbour has asked for? One or two? Make a suitable request ... E.g.:

Va bene questa guida? *or* **Ecco le guide.**
Una guida, per favore. **Due guide, per favore.**

a Ecco i biglietti. _____

b Va bene questo poster? _____

c Va bene questa penna? _____

d Ecco la mappa di Milano. _____

e Ecco le cartoline. _____

15 Questo è ...

*Identify objects using **questo/a/i/e***

You are in the kitchen preparing the evening meal and six-year-old Carla keeps asking you questions about the ingredients. Be patient and answer her questions following the example:

Carla: **È prosciutto?**
You: **No Carla, *questo* è vitello.**

a *Carla:* È prezzemolo?
   You: No Carla, _____ è basilico.

b *Carla:* È radicchio?
   You: No, Carla, _____ è una cipolla.

c *Carla:* Sono spinaci?
   You: No Carla, _____ sono zucchine.

d *Carla:* È una bistecca?
   You: No Carla, _____ è formaggio.

e *Carla:* Sono fagioli?
   You: No Carla, _____ sono fagiolini.

16 Il verbo essere

Use the correct form of the verb

At 7 p.m. Renato comes home expecting to find his wife and his dinner waiting for him as usual but ... Complete the message his wife left him with the appropriate forms of **essere**.

Caro Renato,

non _____ a casa: Marco e Gianni _____ in piscina, Roberta _____ in biblioteca e io e la signora Merlo _____ in città. La cena non _____ pronta!

Baci,

Amelia

VOCABULARY

baci *kisses, love*

---

17 No and Non

Use the correct negative form

Fill in the gaps with **no** or **non** as appropriate

a "Roberto?"
"_____, sono Carlo!"

b "Stanca?"
"_____ sono stanca, sono esausta!"

c "È la basilica di San Pietro?"
"_____, questa è la chiesa di San Giovanni!"

d "Un biglietto?"
"_____ uno, due per favore!"

e "Siamo a Bologna?"
"_____, siamo a Ferrara!"

f "In Inghilterra?"
"In Scozia, _____ in Inghilterra!"

18 A postcard from Italy!

Matching adjectives to nouns

Complete the card choosing from the list. Each adjective can be used only once:

meravigliose meraviglioso antica buono belli moderno

Ciao Jane

il posto è _____,
la città è _____ e
i monumenti sono _____
L'hotel è _____,
il cibo è _____ e
le persone sono _____
Saluti,
Marina

Jane Smith
17 Albany Rd.
Coventry
Inghilterra

Perugia : Fonte maggiore in piazza della Cattedrale

In famiglia e fra amici

1 La ricetta

Practise indefinite articles and plurals

1 All the indefinite articles are missing from this recipe. Can you choose the appropriate one in each case?

Bruschetta con pomodoro
(per _____ persona)

▶ ___ fetta di pane abbrustolita

▶ ___ pomodoro a pezzi

▶ ___ foglia di basilico

▶ ___ cucchiaio di olio extra vergine di oliva

▶ Sale e pepe

Mangiare calda con ___ insalata verde.

VOCABULARY

foglia	*leaf*
abbrustolito	*toasted*
a pezzi	*chopped*

2 Now double the amounts: can you make the relevant words plural to fill the gaps?

Bruschetta con pomodoro
(per due _____)

▶ Due ___ di pane ___

▶ Due ___ a pezzi

▶ Due ___ di basilico

▶ Due ___ di olio extra vergine di oliva

▶ Sale e pepe

Mangiare ___ con un'insalata verde.

---

2 Colours

Learn some idioms

Each of the following things is often used in Italian as a typical example of its colour. Can you guess what the colour is in each case?

a _____ come un limone

b _____ come un peperone

c _____ come la notte

d _____ come il latte

e _____ come il mare

3 Hidden word

Test your vocabulary

Find the missing words in these sentences. The first letters will together give you the name of a famous Italian painter:

1 Menu del _____ 'Vecchia Napoli'. ☐

2 Per _____ ci sono i crostini. ☐

3 La tipica _____ italiana è: padre, madre e due figli. ☐

4 Se Lisa è la sorella di Luca, Luca è il _____ di Lisa. ☐

5 Il colore delle albicocche è _____. ☐

6 La regione di Bologna è l'_____ Romagna. ☐

7 Il cappuccino è caffè espresso e _____ caldo. ☐

8 Mio padre _____ in banca. ☐

9 La bruschetta è pane abbrustolito con _____ d'oliva. ☐

4 La mappa

Practise c'e and è

You are in Desenzano, on lake Garda, and a
friend asks you where to find various shops
and services. Look at this page from the tourist
information booklet, and answer the
questions, following the example.

C'è un ristorante?
*Sì, c'è il Ristorante Taverna Tre Corone; è in
Via Stretta Castello.*

a C'è una gelateria?

b C'è un caffè?

c C'è una boutique?

d C'è un pub?

e C'è un fotografo?

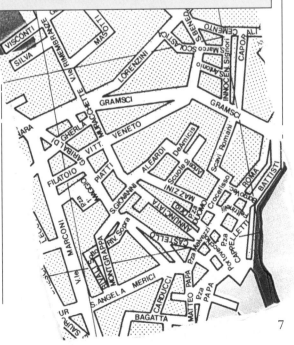

5 Where is it?

Practise asking where something is

1 You cannot find the things you need. Ask for help!

Dove sono i bicchieri?

a _____

b _____

c _____

d _____

e _____

2 There is one place where you could find all of these things: _____.

6 The guest list

Practise the use of possessives

1 Lucia is organising a party and she has invited some colleagues from work. They are all bringing a guest, whom she has never met before. This is the guest list: fill in the gaps with the suitable possessive (with or without the article!).

Invitati:

1 Giovanni e _____ moglie Lina

2 Marina e _____ figlio Marco

3 Carla e _____ amica Giulia

4 Cinzia e _____ fidanzato Antonio

5 Luisa e _____ fratello Massimo

---

2 Colleagues are arriving and introductions are made. What do the various people say?

Giovanni: **Questa è mia moglie Lina.**

7 La cena

Practise verb forms

1 Lucio and Carla are checking that everything is ready for the dinner party they are having tonight. Fill in the gaps in their conversation using **c'è**, **ci sono**, **è** or **sono**, as appropriate.

Lucio: _____ tutto per la cena?

Carla: Sì, _____ tutto là, in cucina.

Lucio: Dove _____ le bottiglie di vino?

Carla: Ecco il vino rosso. E il bianco _____ in frigorifero.

Lucio: _____ bevande analcoliche? La moglie di Gianni non beve vino.

Carla: _____ l'aranciata.

Lucio: Bene. E cosa _____ per cena?

Carla: L'antipasto _____ prosciutto e melone. Per primo _____ le tagliatelle, poi _____ l'agnello con l'insalata, e il gelato per dolce.

Lucio: _____ un problema: Andrea e la sua amica _____ vegetariani.

Carla: _____ mozzarella e pomodori in casa. Va bene?

Lucio: Perfetto!

2 Now the conversation turns to gossip. Complete the dialogue by inserting a suitable verb of your choice in each gap.

C: Chi _____ l'amica di Andrea?

L: _____ Luciana, _____ a Verona e _____ in ufficio con Andrea.

C: E il fratello di Anna come _____?

L: Marco.

C: _____ in banca con Anna?

L: No, _____ all'università. _____ un ragazzo molto simpatico, ma _____ libri tutto il giorno!

C: Che cosa _____?

L: L'inglese.

8 Matching

Practise question words

Match each question with the appropriate answer:

1 Dov'è il libro?
2 Dove mangiamo oggi?
3 Cosa c'è oggi?
4 Cos'è questo?
5 Chi è Antonio?
6 C'è Giovanni?
7 Chi c'è a pranzo?
8 Chi è?

a C'è mio fratello con sua moglie.
b È il mio nuovo libro di cucina.
c Al ristorante.
d È là, in cucina.
e Oggi ci sono gnocchi al gorgonzola o spaghetti al pomodoro.
f No, c'è suo fratello.
g È il fratello di Giovanni.
h È Marta.

9 Wordsearch!

Revise vocabulary

The names of 7 ingredients for a delicious fruit-salad have been hidden among these letters. Can you find them? You can move upwards, downwards, sideways and diagonally.

B	F	R	A	G	O	L	E	C	H
A	C	B	L	D	E	F	G	H	I
L	M	N	B	P	O	Q	U	V	A
V	Z	U	I	A	E	E	B	C	D
E	F	G	C	H	B	S	L	M	N
N	O	P	O	Q	A	A	C	S	T
O	U	V	C	Z	N	C	C	H	D
M	F	G	C	H	A	I	P	M	E
I	N	O	H	P	N	Q	R	U	T
L	U	M	E	L	E	Z	B	C	A

2

10 Habits!

More practice of verb forms

1 What do you do when you are at home? Somebody has sent you a questionnaire: fill it in by ticking the column which best suits you.

Lei ...	Sì	No	Qualche volta
Ascolta musica jazz?			
Guarda la TV?			
Prepara la cena?			
Mangia carne?			
Beve birra?			
Lava i piatti?			

2 In the next column are the results of the questionnaire filled in by some Italians. Looking at the grid, can you give a description of their habits, following the example below?

0 = no   X = sì   ★ = qualche volta

	Ascoltare musica jazz	Guardare la TV	Preparare la cena	Mangiare carne	Bere birra	Lavare i piatti
Roberto	X	★	0	X	X	0
Fiorenza	0	X	★	★	0	★
Gianni	★	0	X	0	★	X
Carla	★	0	X	0	★	X

Roberto ascolta musica jazz, qualche volta guarda la TV, non prepara la cena, mangia carne, beve birra e non lava i piatti.

Fiorenza _____.

_____

Gianni e Carla _____.

_____

2

11 Il menu
Test your knowledge of Italian food

1 The dishes in this restaurant menu need to be grouped in sections. Can you tick the right column for each item, remembering that Italians have a special section for all soups, pasta and rice dishes?

A clue: *ci sono tre antipasti, cinque primi, quattro secondi e quattro dolci!*

___Menu___
∞

	Antipasti	Primi	Secondi	Dolci
Crostini toscani				
Tortellini alla panna				
Bistecca di manzo con patate				
Pollo con peperoni				
Prosciutto e melone				
Risotto con funghi				
Pesce arrosto con insalata verde				
Vitello al limone con spinaci				
Pesche al vino Chianti				
Zuppa inglese				
Minestrone di verdura				
Spaghetti alla carbonara				
Lasagne verdi				
Gelati misti				
Bruschetta con pomodoro e basilico				
Torta casalinga				

2 Now that the menu is in groups, complete the following dialogue, ordering your favourites among the dishes available. If you can, try acting this out with a friend. Don't forget to use **per favore**, **grazie**, etc. where needed!

Cameriere:	Buongiorno, desidera un antipasto?
Lei:	Sì, _____
Cameriere:	Va bene, e per primo?
Lei:	_____
Cameriere:	Per secondo che cosa desidera?
Lei:	_____
Cameriere:	Assaggia anche un dolce?
Lei:	_____
Cameriere:	Grazie a Lei.

12 What do they usually do?
More on using verb forms

1 What questions would you ask to obtain these answers? You are talking to friends, so you would use an informal tone. For example:

Mangio spaghetti al pomodoro.
Che cosa mangi di solito?

a Beviamo vino rosso. _____

b Ascolto l'opera. _____

c Portiamo vestiti italiani. _____

d Giuliana legge il *Corriere della Sera.*_____

e Guardiamo film americani. _____

VOCABULARY

di solito   *usually*

---

2 Today is a special day. All these people are doing something different. Can you provide them with an alternative to their habits? E.g.:

Di solito mangio spaghetti al pomodoro, ma oggi mangio tagliatelle!

a Di solito beviamo vino rosso, _____

b Di solito ascolto l'opera, _____

c Di solito portiamo vestiti italiani, _____

d Di solito legge *Il Corriere della Sera,* _____

e Di solito guardiamo film americani, _____

13 Riascolta un po'

Listening for specific facts

1 Listen again to **Interaction 5** on your cassette or CD. Decide whether each statement below is true **(vero)** or false **(falso)** and put **V** or **F** in the boxes below.

Il ragazzo si chiama Lorenzo. ☐

La signora si chiama Marina. ☐

La signora è la mamma del ragazzo. ☐

Il ragazzo non beve vino. ☐

La signora beve vino qualche volta. ☐

2 Now be more specific: can you correct the statements you marked as false?

La signora non si chiama Marina, si chiama ____.

14 Come si chiama?

Pronunciation: double consonants and other sounds

Each one of the following conversations involves two people. One of them is a foreigner who tends to make mistakes in the use of the reflexive verb **chiamarsi**. Can you give the correct version?

a "Sono due gemelli!"
"Ah! E come <u>chiamano?</u>"
"Roberto e Stefania."

b "Io sono Gina."
"Piacere, io <u>mi chiami</u> Laura."
"Molto piacere."

c "Il mio fidanzato è inglese."
"Ah! E come <u>chiama?</u>"
"John."

d "Lei, come <u>ti chiami?</u>"
"Paolo Betto, piacere."
"Philip Morton, molto piacere."

15 Opposites

Revise adjectives

Can you change these phrases using the opposite of each adjective? E.g.:

Un nome simile. *Un nome diverso.*

a Un pasto freddo.

b Una casa vecchia.

c Un cappello grande.

d Una persona simpatica.

e Un lavoro facile.

16 Cena al ristorante

Revise questions and answers

Look at this photograph and answer all the questions. Be as specific as you can.

a Chi c'è nella foto?

b Dove sono le tre persone?

c Come si chiama il ristorante?

d Cosa porta la donna? E l'uomo? E la bambina?

e Cosa mangiano?

f Cosa bevono?

g Sono simpatiche le persone nella foto?

FUORI A CENA. IN ALLEGRIA.

INVITO ALLA PROVA
*20% SCONTO

Ciao
RISTORANTE
UNO DI FAMIGLIA.

Il tempo libero

1 Dettagli personali

Introducing yourself, giving personal details

Write your own details in the form below, then use them to help you answer the questions you are being asked by an inquisitive Italian acquaintance. Don't forget to say 'Pleased to meet you'!

Nome:

_____

Città:

_____

Nazione

_____

Età: _____ anni

Professione:

_____

Sposato/a: Sì_____ No:_____

L'italiano:	Buongiorno, io mi chiamo Giorgio.
Lei:	_____, io _____.
L'italiano:	Non è di Milano, vero?
Lei:	No, _____ di _____, in _____.
L'italiano:	È molto giovane, quanti anni ha?
Lei:	_____ anni, e _____?
L'italiano:	45. Lei lavora o studia?
Lei:	_____.
L'italiano:	Anch'io. E ha famiglia?
Lei:	_____.
L'italiano:	Ecco mia moglie, arrivederci.
Lei:	_____.

2 Presentazioni

Introducing others

Now introduce some people to an Italian friend. Use the example below as a model.

James _____

Nazione: Irlanda

Città: Dublino

Età: 25 anni

Professione: studente

Questo è James. È irlandese, di Dublino. Ha 25 anni e è studente.

Susan _____

Nazione: Inghilterra

Città: Nottingham

Età: 43 anni

Professione: medico

a Questa _____

Fiona e la sua sorella gemella Sarah _____

Nazione: Scozia

Città: Glasgow

Età: 28 anni

Professione: comesse

b Queste _____.

Lucia e suo marito Giorgio

Età: 32 anni

Professione: professoressa

Nazione: Italia

Età: 30 anni

Professione: ingegnere

Città: Firenze

c Questi _____

3 Informal or formal?

Correct use of ti/Le

1 You are making introductions. Fill in the gaps with **ti** or **Le** as appropriate.

a Signora Vesco, ____ presento mio fratello Roberto.

b Antonio, ____ presento mia madre.

c Dottor Fazi, ____ presento la mia fidanzata.

d Zia, ____ presento il Dottor Fazi.

e Roberto, ____ presento Antonio.

f Signor Vesco, ____ presento mia zia.

2 How many people are there (apart from you)? Answer in Italian.

4 La parola giusta

Revision of articles

Only one of the words provided can complete each of the following sentences. Which one is it?

a Ho voglia di uno ____

| panino
| spremuta
| spuntino

b Carla è l'____ di tua sorella?

| amica
| amici
| amico

c Giacomo è lo ____ di Michela

| nonno
| zio
| suocero

d Preferisco il tè con il ____

| latte
| zucchero
| biscotti

e Ho sete. C'è un'____

| analcolico
| aperitivo
| aranciata

5 Riascolta un po' 🔲

Listening for specific facts

Listen again to **Interaction 5** on your cassette or CD. Without looking at the written text, can you:

a spot the five numbers mentioned in the dialogue?

___ ___ ___ ___ ___

b fill in the missing words in Anna's questions below?
Anna: Giulio, da quanto tempo ____ a tennis?
Anna: E la tua famiglia ____
Anna: E il circolo, da quanto tempo ____?
Anna: Quanti campi ____?

Now check your answers against the transcript in the coursebook on p. 42.

6 Da quanto tempo?

Use of da in time expressions

1 Here is a table charting the events of the last few years of Marco's life. Can you write his profile, following the example?

Oggi: 15 settembre 2000

Abitare a Roma   1990
Marco abita a Roma da dieci anni

Lavorare in banca	1995
Giocare a calcio	1996
Studiare l'inglese	1999
Essere fidanzato	15 luglio 2000
Essere in vacanza	14 settembre

2 How would you ask Marco how long he has been doing all this?

Da quanto tempo abiti a Roma?

7 Dare i numeri

Test your knowledge of **quanti/quante**

I Fill in the gaps as appropriate.

a _____ giocatori ci sono in una squadra di calcio?

b _____ fratelli ha Carlo d'Inghilterra?

c _____ regioni ha l'Italia?

d _____ sono le mogli di Enrico VIII?

e _____ canali nazionali ha la TV inglese?

f _____ carte hanno i giocatori di bridge all'inizio della partita?

2 Do you know the answers to these questions?

8 Usi e costumi dell'italiano medio

More on the use of **quanto/a/i/e**

I Fill in the gaps with the appropriate form of **quanto/a/i/e** and try to guess what an Italian person would answer by choosing from the options given.

Al giorno:

a _____ caffè beve ?   *(2 3 4)*

b _____ ore passa davanti alla TV? *(3 4 5)*

c _____ pasta mangia? *(100 g 200 g 300 g)*

d _____ bicchieri di vino beve?   *(1 2 4)*

e _____ giornali legge?   *(1 2 3)*

f _____ carne mangia? *(50 g 100 g 200 g)*

> **VOCABULARY**
>
> **al giorno**   *per day*

2 What would your answers be if somebody asked you the same questions?

3 How would you ask a friend the same questions?

9 Gli sport

Test your vocabulary

Which sport is associated with each group of words?

a Il mare   La piscina   L'acqua

b La bicicletta   Il Giro d'Italia   I pedali

c Il pallone   Il goal   La Coppa del Mondo

d Le Alpi   La montagna   Lo slalom

e La terra rossa   La racchetta   La Coppa Davis

10 Passatempi

Dialogue skills: use of **vero?**, **anche** *and* **neanche**

You ask if other people share your tastes, needs and hobbies, and discover that they all prefer doing something else! For example:

"Io gioco a tennis. E Lei? *Anche Lei gioca a tennis, vero?"* (golf)
"No, preferisco giocare a golf."

a "Io prendo un aperitivo. E tu? _____

_____?" (una birra)

"_____"

b "Io passo le vacanze in Francia. E Lei?

_____?" (in Italia)

"_____"

"Io non gioco a scacchi. E voi? *Neanche voi giocate a scacchi, vero?"* (bridge)
"No, preferiamo giocare a bridge."

c "Io non ascolto la musica classica. E loro?

_____?" (il jazz)

"_____"

d "Io non mangio al ristorante. E voi? _____

_____?" (in pizzeria)

"_____"

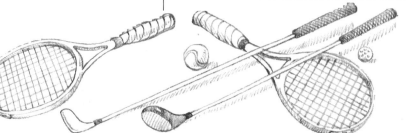

11 On TV
Reading for specific purposes

RAIUNO

7,15 Uno mattina
9,25 Dadaumpa
10,40 Intorno a noi
11,30 Conte di Montecristo, scen.
12,— TG 1 - Flash
12,05 Pronto...è la Rai?
13,30 Telegiornale
14,— Tribuna politica
14,15 Tennis: campionati interna-
     zionali d'Italia
17,— Big!: giochi e cartoni
17,55 Oggi al Parlamento
18,— TG 1 - Flash
18,05 Parola mia
19,40 Almanacco
20,— Telegiornale
20,10 Calcio: Coppa delle Coppe
     Ajax-Malines
22,— Telegiornale
22,20 Appuntamento al cinema
22,30 Notte rock
23,25 Basket: playoff
24,— TG 1 - Notte

RAIDUE

8,— Prima edizione
9,— L'Italia s'è desta
11,05 Scuola - Educazione
11,55 Mezzogiorno è...
13,— TG 2 - Ore tredici
13,25 TG 2 - Lo sport
13,40 Quando si ama, telefilm
14,30 TG 2 - Flash
14,35 Oggi sport
15,— Musica Doc
16,— Lassie, telefilm
16,30 Il gioco è servito
17,— TG 2 - Flash
17,05 Piacere di abitare
18,30 TG 2 - Sportsera
18,45 Faber, telefilm
19,45 TG 2 - Telegiornale
20,30 Il testimone, programma
     condotto da Giuliano Ferrara
22,20 TG 2 - Flash
23,30 TG 2 - Ventitré e trenta
23,45 Atletica leggera
0,25 Tennis

RAITRE

9,30 Televideo
12,— Scuola - Educazione
14,30 Jeans 2
17,— Tennis
19,— TG 3 (fino alle 19,20 infor-
     mazione a diffusione nazio-
     nale; dalle 19,20 informazio-
     ne regione per regione)
19,45 Vent'anni prima
20,— Scuola - Educazione
20,30 Buddy Buddy, film con Wal-
     ter Matthau, Jack Lemmon
21,30 TG 3 - Sera
21,35 Film (2° tempo)
22,35 Samarcanda
23,50 Concerto da camera

RETEQUATTRO

8,30 Grande vallata, telefilm
9,10 Il segreto delle rose, film con
     Adriano Cecconi
11,— Strega per amore, telefilm
11,35 Giorno per giorno, telefilm
12,30 Vicini troppo vicini, tel.
13,— Ciao ciao
14,30 Valle dei pini, teelefilm
16,30 Aspettando il domani, tel.
18,15 C'est la vie, gioco a quiz
18,45 Gioco delle coppie, quiz
19,30 Quincy, telefilm
20,30 OK il prezzo è giusto
22,40 L'Italia domanda
23,35 News: il secolo americano
0,35 Vegas, telefilm

Look at the programmes for tonight (from 6.00 p.m.). Say which you would recommend to:

a un amico tifoso di football.

b un collega che adora i film comici.

c un amico che adora la musica moderna.

d una signora che guarda sempre i quiz.

e un amico sportivo – ma non tifoso di football!

12 A skiing trip
*Practise the possessives **mio/mia/miei/mie***

Angela is not very well organised! She is going skiing tomorrow, and she keeps asking her mother where her things are. Fill in the gaps choosing a word from her list:

scarponi   occhiali da sole   giacca da sci
sci   racchette da sci   berretto di lana

a Mamma, dove sono i miei _____,
   i miei _____ e i miei _____?

b Dove sono le mie _____?

c Dov'è la mia _____?

d Dov'è il mio _____?

VOCABULARY

scarponi   *ski boots*
occhiali da sole   *sun glasses*
berretto di lana   *woolly hat*

Judging from her ski-pass, can you tell how long Angela is going skiing for?

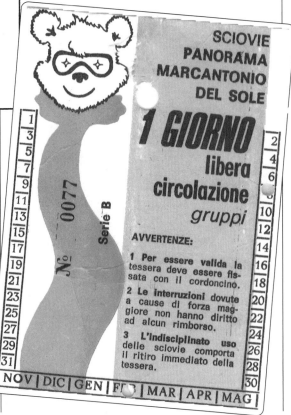

13 Amici italiani
*Practise forms of **suo***

Ornella and Toni are Italians you met in Rome. You tell your friends something about their background. Fill in the gaps with the appropriate form of **suo**. Don't forget the definite article when necessary!

a Ornella abita a Roma con _____ genitori e _____ due sorelle. _____ madre lavora in banca e _____ padre è dottore. Ornella studia inglese, _____ ragazzo Sergio studia architettura. Ornella è contenta di abitare con _____ famiglia.

b Toni studia a Roma ma abita a Perugia con _____ nonno, _____ nonna e _____ sorelle perché _____ genitori sono morti. _____ . ragazza si chiama Patrizia e studia anche lei architettura.

14 Hobbies
*Use the possessives **nostro**, **vostro** and **loro***

1 You are asking some Italian friends about their hobbies. Fill in the gaps with the correct forms of **vostro** (in questions) and **nostro** (in answers).

a *You* Quali sono _____ passatempi preferiti?

Gianni e Luca _____ sport preferito è l'equitazione. Abbiamo _____ cavalli e passiamo tutto _____ tempo libero in campagna.

b *You* E voi che cosa fate?

Carlo e Massimo _____ passione è il calcio. Di solito giochiamo con _____ colleghi.

2 This time you are being asked about somebody else's favourite pastime. Fill in the gaps with the appropriate form of **loro**.

a *Roberto* Davvero Teresa e Simone hanno l'hobby del ciclismo?

You Sì, è _____ hobby preferito, queste sono _____ biciclette e questi sono _____ caschi.

b *Roberto* E questa?

You Questa è _____ tenda da campeggio.

3 Have you got any hobbies in common with your friends/family? What do you all do?

Il nostro passatempo preferito è _____

15 Perché?
Give reasons for your actions

Match each statement with a suitable reason.

1 Sono in Italia da un mese
2 Mangio al ristorante
3 Prendo un'aranciata
4 Gioco a carte
5 Pratico uno sport
6 Oggi ho voglia di stare all'aria aperta

a perché ho bisogno di passare il tempo
b perché desidero imparare l'italiano
c perché è una bella giornata
d perché è importante tenersi in forma
e perché detesto cucinare
f perché ho sete

Now give some reasons of your own:

Studio l'italiano _____

Prendo un tè caldo _____

(Non) bevo il vino _____

(Non) ho tempo di leggere _____

(Non) guardo la televisione _____

16 Esclamazioni!
*Use of **bello***

Reply to each of your friend's sentences with a flattering exclamation, as in the example:

Ho una giacca nuova.
Che bella giacca!

a Questa è la mia macchina.

b Ecco il mio cappello nuovo.

c Il mio nuovo hobby è il giardinaggio.

d Queste sono le mie scarpe nuove.

e Questi sono i miei libri d'arte.

f Il mio sport preferito è il tennis.

17 Le nostre vacanze
Using reflexive verbs

1 Some couples are talking about their holidays. Fill in the gaps with the appropriate form of the reflexive verbs given at the beginning of each report. **1a** has been done for you:

a *Paolo e Francesca: ciclisti*

allenarsi riposarsi divertirsi

"Dunque, la mattina io e Francesca **ci alleniamo** all'aria aperta, il pomeriggio **ci riposiamo** in albergo e la sera **ci divertiamo** in discoteca."

b *Franco e Michela*

abbronzarsi tenersi in forma rilassarsi

"Mah, la mattina io e Franco _____ in giardino, il pomeriggio _____ con un po' di nuoto e la sera _____ in casa."

2 Can you say what each couple does?

La mattina Paolo e Francesca _____

3 What do you do when you are on holiday?

18 A bit of psychology!
Are you a sociable person?

Answer the questionnaire below and find out!

Sei una persona socievole?

1 Per rilassarmi preferisco
a dormire
b leggere
c ascoltare musica
d fare del giardinaggio
e cucinare

2 Per tenermi in forma preferisco
a il nuoto
b il ciclismo
c l'alpinismo
d la ginnastica
e il tennis

3 Per divertirmi preferisco
a lavorare
b guardare la TV
c ballare
d praticare uno sport
e giocare a carte

4 Per abbronzarmi preferisco
a la terrazza
b il giardino
c la piscina
d la montagna
e la spiaggia

5 Il mio colore preferito è
a il nero
b l'azzurro
c il verde
d il giallo
e il rosso

6 Il mio piatto preferito è a base di
a verdura
b formaggio
c carne
d pesce
e pasta

Punti: a = 1; b = 2; c = 3; d = 4; e = 5

6-12: Sei davvero un'isola. Secondo te (*In your view*) avere amici non è indispensabile, preferisci passare il tempo da solo/a.

13-18: Sei abbastanza socievole. Secondo te (*In your view*) è bello avere amici ma qualche volta preferisci stare da solo/a.

19-24: Sei una persona socievole. Secondo te (*In your view*) è importante avere amici e preferisci trascorrere il tempo in compagnia.

25-30: Sei davvero una persona molto socievole. Secondo te (*In your view*) essere senza amici è impossibile. Hai bisogno di stare in compagnia.

I pendolari

OBJECTIVES

Talking about travelling   Telling the time and saying when you do things
Describing your daily routine   Talking about your job

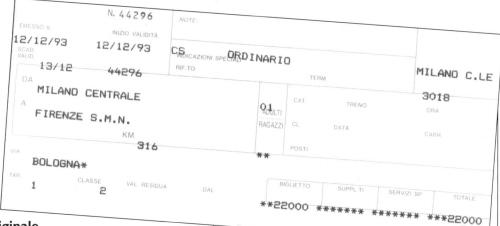

In originale

Reading for specific information

Look at the ticket above and answer the following questions:

a What means of transport is it for?

b Where was it bought?

c When was it bought?

d From where and to which destination were you travelling?

e How much did it cost?

f How long was it valid for?

2 In gita a ...

Revising vocabulary with a game

Find the Italian words which are missing from the following sentences. The first letters of each word put together will give you the name of a famous seaside resort in Emilia Romagna.

Iniziali:

a Un biglietto andata e **ritorno**   R

b Chi lavora con i computer lavora nel campo dell'____

c Il giorno dopo il lunedì è il ____

d La Sicilia e la Sardegna sono due ____

e Il numero dopo otto è ____

f Il mese di dicembre è in ____

3 Questions and answers

Practise **quando, quante volte, spesso, ogni**

Match each question with its answer:

1 Che ore sono?

2 Viene spesso in vacanza qui a Roma?

3 Quando vai in ufficio?

4 Ogni quanto c'è l'autobus?

5 A che ora arriva il diretto?

6 Non viaggia mai in treno?

a La mattina, dal lunedì al venerdì.

b No, viaggio sempre in aereo.

c Alle dieci e un quarto.

d Una volta all'anno, in settembre.

e Ogni ora.

f È l'una.

4 La parola giusta

Practise expressions of time

Match each group of sentences with a word taken from the list below, following the example. The word you choose must fit all the sentences in that group!

**ora   orario   volta   tempo   sera
anticipo   ritardo**

Tuo fratello arriva sempre in **tempo**.
Passi molto **tempo** in viaggio per lavoro?
Oggi non ho **tempo**: vengo a Bologna domani.

a Da Milano a Bologna c'è un treno ogni

____.
A che ____ devi andare all'aereoporto?
Che ____ è, per favore?

b Marco arriva a tutti gli appuntamenti 5 minuti in ____.
I treni arrivano spesso in ____ in Italia?
In ritardo, forse. Ma in ____ certamente no.

c I treni arrivano spesso in ____.
Prima di decidere dobbiamo controllare l'____ degli autobus che vanno in centro.
Il mio ____ di lavoro non è troppo pesante.

d Sono arrivato in ufficio in ____ anche oggi!
Causa cattivo tempo, tutti i treni viaggiano con un forte ____.
Preferisco arrivare con 5 minuti di anticipo che di ____.

e Vieni anche tu al ristorante questa ____ ?
Prendo il treno alle 6.15 di ____ e arrivo a casa più o meno alle 7.30.
Preferisco passare la ____ in casa, non mi va di uscire.

f Vado sempre al cinema con gli amici, ma questa ____ sono da sola.
Oggi non è possibile, ma prometto che un'altra ____ vengo a pranzo con voi.
Vado a giocare a tennis una ____ o due alla settimana.

5 A typical day

More on the present tense

Liana is talking to a hairdresser about her typical day. Insert the correct form of the present tense for each verb provided in brackets. Watch out for the irregular ones!

Liana	Come (essere) la vita della parrucchiera?
Parrucchiera	(Essere) piacevole. La mattina (aprire) il negozio alle 8, dieci minuti dopo (arrivare) le mie collaboratrici e alle 8.30 (cominciare) ad arrivare le prime clienti.
Liana	Le clienti (avere) tutte un appuntamento?
Parrucchiera	Veramente no. Noi non (lavorare) per appuntamento. Le persone (venire) e (aspettare) il loro turno.
Liana	(Essere) clienti abituali?
Parrucchiera	Molte sì, così tra un taglio e una permanente (fare) anche quattro chiacchiere.
Liana	Senta, (essere) vero che andare dalla parrucchiera (essere) spesso un'occasione buona per spettegolare sui vicini?
Parrucchiera	Ma no, non (credere). Noi (parlare) dei figli, dei mariti e (fare) due risate. (Parlare) un po' anche dei vicini ma (essere) tutto senza cattiveria.

VOCABULARY

fare quattro chiacchiere   *to have a chat*
spettegolare   *to gossip*
risata   *laugh*
cattiveria   *malice*

6 Riascolta un po'

Listening for time expressions

Now listen again to **Interaction 5a** on your cassette or CD. Can you answer these questions without looking at the transcript?

a Da quanto tempo Silvia lavora a Bologna?

_____

b E da quanto tempo fa la pendolare?

_____

c In che campo lavora? _____

_____

d A che ora esce di casa la mattina?

_____

e A che ora rientra in casa la sera? _____.

7 People and their lives

Practise using verbs and question words

You have been interviewing various **pendolari**. What questions did you ask in each of the following cases? Try to use the formal form of address throughout.

a " _____?"
"Vengo a Milano cinque volte alla settimana."

b " _____?"
"Mi alzo alle 7.00."

c " _____?"
"Vado in macchina, da casa fino al parcheggio vicino al mio ufficio."

d " _____?"
"Faccio il ragioniere in una banca."

e " _____?"
"No, non devo fare il biglietto tutte le mattine. Ho un abbonamento."

f " _____?"
"Sì, vengo a fare colazione qui tutti i giorni."

8 Molto interessante!

*Using **molto/a/i/e***

You are interviewing a journalist – **una inviata speciale**. Her life is full of extremes and the word **molto** crops up all the time – but not always with the same ending! Fill in the gaps as appropriate.

You Com'è la Sua vita?

She Mah, è ____ interessante e a volte ____ stressante.

You Perché è interessante?

She Dunque, è interessante perché viaggio ____, vedo ____ paesi e incontro ____ persone diverse.

You E perché è stressante?

She Bè, perché spesso ho ____ lavoro da fare e poco tempo; poi perché devo passare ____ ore fuori casa, non ho orari precisi e quando intervisto persone famose devo essere sempre ____ flessibile e a volte devo anche avere ____ pazienza.

9 Give your opinion

Matching adjectives to nouns

Here are some people expressing their opinion on shopping, a film and a piece of music. The adjectives are missing. Fill in the gaps choosing from the list below. Each adjective can be used only once!

ripetitiva bello noioso monotona affollati libero divertente stesso

a "Fare la spesa il sabato pomeriggio non è proprio ____"
"Sono d'accordo, tutti i negozi sono ____ e non trovi un parcheggio ____ neanche a morire."

b "Il film è abbastanza ____ anche se a volte è un po' ____"
"È vero l'azione è tutta nello ____ posto."

c "Ti piace questa canzone?"
"Mah, non molto, a dire la verità è un po' ____ e ____"

10 Going on holiday?

Practise conversation skills

Roberto and Lucio meet at the bus stop. Here is their conversation. Roberto's statements (**1–5**) are in the right order but Lucio's (**a–e**) are not. Can you sort them out?

1 "Ciao Lucio!"
  a "Beato te! E quanto ti fermi a Londra?"

2 "Vado all'aereoporto, parto per Londra."
  b "Però, una settimana!"

3 "Sì, vado a trovare un amico inglese."
  c "Vai in vacanza?"

4 "Non molto purtroppo: torno giovedì sera."
  d "Be', è sempre una bella vacanza!"

5 "Veramente sono solo cinque giorni."
  e "Ciao Roberto, che fai con la valigia?"

Can you work out which day of the week Roberto is leaving?

FS

DA VENEZIA
PER TORINO - GENOVA/VENTIMIGLIA

ORARIO ESTIVO (dal 2/6/91 al 28/9/91)

Estratto de "IL TRENO" Orario Ufficiale delle Ferrovie dello Stato - Reg. Trib. di Roma N. 16.685/77 - Direttore Responsabile "Antonio Dentato"

		Dir	Dir	Dir	IC 648 ◇	Dir	IC 654 ◇▼	Dir	IC 656 ◇	Expr Dir	Dir IC658 ○○○	Dir	Dir	Dir	Dir	Dir	Dir	IC 662 ◇	Dir	Dir
Venezia S.L.	p	0.05	0.05	0.05	6.05	7.36	8.25	10.35	11.45	12.40	13.35	14.35	14.35	15.30	16.35	16.35	17.35	18.20	20.35	20.35
V. Mestre	p	0.17	0.17	0.17	6.16	7.47	8.36	10.46	11.56	12.51	13.46	14.46	14.46	15.41	16.46	16.46	17.46	18.31	20.46	20.46
Padova	p	0.49	0.49	0.49	6.42	8.16	9.02	11.16	12.21	13.19	14.16	15.16	15.16	16.09	17.16	17.16	17.46	18.57	21.16	21.16
Milano	a	4.20	4.20	4.20	9.05	10.50	11.25	14.10	14.45	16.25	17.15	18.10	17.50	19.10	20.25	19.45	20.45	21.15	23.45	0.15
Novara	a	5.31			10.01			14.46	15.44	17.01	17.49	18.46		19.46	21.01			22.10		0.51
Vercelli	a	5.48			10.14			14.59		17.14	18.02	18.59		19.59	21.14			22.24		1.04
Santhià	a	6.02						15.11		17.24		19.11		20.11	21.25					1.14
Chivasso	a	6.26						15.29		17.41		19.29		20.29	21.40					1.29
Torino P.N.	a	6.58		11.04		13.03	15.57	16.45	18.08	18.55	19.57		20.57	22.08			23.15			1.57

		Expr ▷	Dir	IC 447 ○▶	Dir	Dir	Dir	Dir ▶	IC 675 ○○	Dir	IC 677 ○○	Dir	EC7 ●	IC 679 ○○	IC 681 ○▶	Dir	Dir	Dir
Milano C.	p	5.05	6.05	6.40	9.30	12.05	12.05	14.05	15.05	16.05	17.05	18.05	18.15	19.05	19.55	20.05	21.15	22.05	0.05
Pavia	a	5.29	6.32	7.02	9.57	12.32	12.32	14.32	15.28	16.32	17.28	18.29	18.40	19.28		20.05	21.15	22.05	0.05
Voghera	a	5.45	6.50	7.18	10.15	12.50	12.50	14.50	15.45	16.32	17.28	18.45	18.45	19.28		20.32	21.42	22.32	0.29
Tortona	a	5.57	7.04		10.29	13.04	13.04	15.04		17.04		18.59				20.50	22.01	22.50	0.45
Genova P.P.	a	6.45	7.53	8.10	11.25	13.53	13.53	15.53	16.42	17.53	18.42	19.53	19.50	20.42	21.27	21.04	22.17	23.04	0.58
Savona	a	7.42	8.47	8.51	12.37	14.47	14.47	16.47				21.53	23.10	23.53	2.03				
Imperia ON.	a	9.01	10.03	9.44	13.45	15.56	15.56	17.57		19.03		20.47				22.13	22.47		3.55
S. Remo	a	9.42	10.31	10.07	14.13	16.22	16.22	18.19		20.14		21.56				23.14	23.59		5.54
Ventimiglia	a	10.08	10.50	10.25	14.33	16.43	16.43	18.35		20.43		22.22				23.36	0.25		6.36
									21.02		22.40				23.55	0.45		7.10

Loc = Locale Dir = Diretto Expr = Espresso IC = Intercity EC = Eurocity

○ IC da Milano a Ventimiglia
◇ IC da Venezia a Torino ○○ IC da Milano a Genova ○○○ IC da Milano a Torino
▼ ferma a Milano P. Garibaldi ● EC da Milano a Genova
▶ Ferma ad Imperia P. Maurizio ▷ si effettua il ⑥

NOTA: Le ore nel riquadro in neretto ☐ indicano cambio treno e partenza da quella stazione

1 Itinerari turistici

*Practise using **dovere** and time expressions*

1 Look at this train timetable. Your friends are going on holiday to different resorts. They are all starting from Venice, at different times, and they plan to reach their destinations by train. Using suitable forms of the verb **dovere** and the 24-hour clock, can you advise them all on the route they should take? For example:

Marco e Giulia vanno a Pavia. Escono di casa alle 7.00 di mattina.
"Dovete prendere il diretto per Milano alle sette e trentasei. Poi, a Milano, dovete cambiare e prendere il diretto delle dodici e cinque. Arrivate a Pavia alle dodici e trentadue."

a Domenica va a Imperia. Esce di casa alle 5.30 di mattina.

b Tina e Luciana vanno a Genova. Escono di casa alle 12.15.

c Paolo va a S. Remo. Esce di casa alle 8.00 di mattina.

d Nicoletta e Giacomo vanno a Torino. Escono di casa alle 20.00.

2 Now give the same sort of advice to a lady whom you have just met in your hotel in Venice – remember to use the formal form of address!

La Signora De Marchis va a Vercelli. Esce alle 11.00 di mattina.

3 Where would you go on holiday? Try making your own itinerary.

2 Professionisti

Practise using the present tense

Some people are talking about themselves and their jobs. Complete the sentences with the appropriate verb form, choosing from **essere**, **fare** and **occuparsi**.

a Lavoro nel cinema: _____ il produttore ma a volte _____ anche attore.

b Il mio lavoro è molto interessante: _____ architetto e _____ direttore di ditta di design.

c Io e mia moglie _____ gli insegnanti: lei _____ professoressa di inglese e io _____ maestro in una scuola elementare.

d Io _____ di sport: _____ un giornalista sportivo.

e Giovanni _____ l'autista e _____ proprietario del suo taxi.

4

13 Are you going?

Practise andare and venire

When asked to go out these people refuse, explaining why they can't go. Complete the mini-dialogues with the appropriate forms of **andare** or **venire**. For example:

"Vieni al cinema questa sera?" *(teatro)*
"No, non vengo perché vado a teatro."

a "Viene al parco, Signora ?" *(piscina)*
"_____."

b "Venite al ristorante con noi?" *(trattoria)*
"_____."

c "Vieni in pizzeria?" *(bar)*
"_____."

d "Lucia e Guido vengono in Toscana con voi?" *(Parigi)*
"_____."

14 Diario

Using prepositions and prepositions plus articles

1 Here is a page from a journalist's diary with all the main appointments for the day. Some prepositions, often combined with articles, are missing. Try filling them in:

08.00	Appuntamento ___ stazione di Bologna.
	Intervista ___ i pendolari.
10.00	Incontro ___ gli insegnanti ___ una scuola media.
12.30	Pranzo ___ ristorante Da Gino.
15.00	Visita ___ museo locale.
17.35	Treno ___ Ferrara. Parlare ___ i passeggeri.
20.00	Cena ___ ristorante ___ albergo.

2 This is a different page of the diary: the day off (**il giorno libero**):

09.00	Un po' di sport: corsa ___ parco ___ Silvia.
11.00	___ centro: fare spese.
13.15	Pranzo ___ Silvia e Gianni ___ Bar Giuseppe (vicino ___ teatro).
21.00	Appuntamento ___ cinema Odeon ___ Via Guido Monaco.

3 Now write your own diary for today. If you can, compare it with that of a friend and see if you can find a place and a time to meet.

15 La lettera

Spot the mistakes!

Laura has drafted a letter to an English friend describing her typical day. Although her Italian is improving, she has made 10 mistakes, one in each sentence. Can you correct them all?

Laura

16 A bit of psychology!
Are you stressed?

* Complete each sentence in the test with the option which suits you best and find out!

* Ask a friend to complete the test and get to know more about his/her personality!

Soffri di stress?

1 Di solito la mattina

a mi sveglio da solo/a.
b ho bisogno della sveglia.
c mi sveglia il/la partner.

2 Di solito la mattina

a mi alzo prima delle 7.
b mi alzo alle 7.
c mi alzo dopo le 7.

3 Di solito la domenica

a mi alzo alle 8.30.
b mi alzo dopo le 8.30.
c mi alzo prima delle 8.30.

4 Di solito

a non uso il profumo/il dopobarba.
b uso il profumo/il dopobarba.
c uso il profumo/il dopobarba solo nelle occasioni speciali.

5 Di solito la mattina

a faccio colazione a casa.
b faccio colazione in ufficio.
c non faccio colazione.

6 Di solito a pranzo

a non mangio.
b mangio un tramezzino in ufficio.
c mangio in mensa (canteen).

7 Di solito

a faccio la spesa da solo/a.
b faccio la spesa con il/la partner.
c non faccio la spesa.

8 Di solito la sera

a ceno alle 7.
b ceno dopo le 7.
c prima delle 7.

9 Di solito la sera

a vado a letto dopo le 10.
b vado a letto alle 10.
c vado a letto prima delle 10.

Punti									
	1	2	3	4	5	6	7	8	9
a	2	2	1	1	2	0	1	2	2
b	1	1	2	2	1	1	2	0	1
c	0	0	0	0	0	2	0	1	0

da 4 a 8

Lei non è una persona molto dinamica e si trascura. Deve cambiare vita e forse anche lavoro!

da 9 a 13

Lei è una persona dinamica e divertente che ama il lavoro ma senza esagerare

da 14 a 18

Lei è una persona molto dinamica e interessante. Sicuramente ama il Suo lavoro ma attenzione allo stress!!!

Vivere in città

OBJECTIVES

Buying goods · Talking about opening and closing times
Talking about needs · Talking about the environment

---

1 Chi lo vende?

Revise shopping vocabulary and prepositions

1 Your Italian friend has asked you to do the shopping for him and has given you the following shopping list. Do you know where to go to get all the items on the list? Match each item to the appropriate shop:

LISTA DELLA SPESA

1 4 panini
2 1 Kg di pesche e 2 cipolle
3 una torta al cioccolato
4 un pacchetto di sigarette
5 un balsamo per capelli normali
6 un litro di latte
7 pastiglie per la gola

NEGOZI

a **pasticceria**
b **erboristeria**
c **TABACCAIO**
d **alimentare**
e **farmacia**
f Panetteria
g Fruttivendolo

2 Now tell your friend where you'll go for each item:

Prima vado in panetteria, poi ...

2 Odd place out

More on shops

1 With the help of the clues, unscramble the hidden words.

a Una **batiacchera** è piena di sigarette e sigari.

b Una **ebbilocita** è piena di libri vecchi e nuovi.

c Una **sticcarepia** è piena di paste e dolci.

d Una **ecarrotlia** è piena di penne, quaderni e taccuini.

e Una **camafrai** è piena di medicine.

2 Which does not fit with the others and why?

3 Un po' di tutto

Buying food; practise using 'some'

1 You are in the local **alimentare**. At which counter would you buy each of the following things? There are three items for each counter.

vino; prosciutto; aranciata; peperoni; mele; tortellini; salsicce; spumante; mozzarella; parmigiano; aranci; bistecche; spinaci; insalata; uva; gorgonzola; spaghetti; lasagne

verdura   **frutta**

carne   **pasta**

bevande   **formaggi**

2 Make up your own shopping list. Select your favourite items from the list above, but make sure they fit into the gaps!

Oggi compro: del _____., delle _____,
degli _____; della _____; dello _____;
dei _____; dell'_____

3 In small Italian shops you will usually have to ask the shop assistant for everything you want to buy. How would you ask for the items in your shopping list? You will have to specify a quantity for each thing! E.g.:

"Mi dà del vino."
"Certo, quanto?"
"Un litro, per favore."

"Mi dà delle mele."
"Certo, quante?"
"Un chilo, per favore."

4 Acquisti

Use your conversation skills

1 You need to buy a film for your camera
(**un rullino di fotografie**). Here is your
conversation with the shop assistant.
The lines have been jumbled. Can you
reorder them?

> "Prendo il rullino da 24, grazie."
> "Mi può dire quanto costano?"
> "Buongiorno, mi dà un rullino di
> fotografie, per favore."
> "Questo costa 4.500 lire, e questo 6.500."
> "Grazie a Lei, arrivederci."
> "Certo. Abbiamo questo da 24 foto o
> questo da 36."

2 Now imagine a similar dialogue when you
want to buy one of the two T-shirts
(**le magliette da tennis**) below.

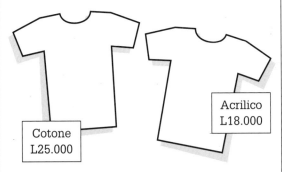

Cotone
L25.000

Acrilico
L18.000

5 Non posso

Practise **potere**

Use the negative of **potere** and give your
excuses, as in the example:

"Stai a dieta?" (*avere fame*)
"Non posso, ho fame."

a "Mangi le fragole?" (*essere allergico*)
"_____"

b "Giovanni va al cinema?" (*stare male*)
"_____"

c "Fanno una partita a tennis?" (*essere stanchi*)
"_____"

d "Venite a fare un giro in centro?" (*essere occupati*)
"_____"

e "Scrivi a Riccardo?" (*non avere l'indirizzo*)
"_____"

6 Who needs what?

Practise **volere** *and* **avere bisogno di**

Match each object from column one with one
of the activities in column two by using the
appropriate form of **avere bisogno di**
(combined with the definite article) and
volere. For example:

*(Io) ho bisogno dello shampoo se (if) voglio fare
la doccia.*

avere bisogno di   **volere**

1 (noi) gli autobus   **a** visitare il centro
                                  storico
2 (Lei) i soldi   **b** consultare la banca
                                  dati (*databank*)
3 (tu) le chiavi   **c** fare acquisti
4 (loro) il computer   **d** chiamare un taxi
5 (io) la pianta della   **e** usare meno la
città   macchina
6 (voi) il telefono   **f** aprire il negozio

7 All you need ...

Expressing need: use **bisogna** *or* **avere bisogno di**

You are talking to a friend; some of your
statements refer directly to him, some are
more general. Transform the expressions
which have been underlined using either
hai bisogno di or *bisogna*, as appropriate.
See the following examples:

Sei stanco. È necessaria una vacanza.
Sei stanco. *Hai bisogno di una vacanza.*
or
**Oggi è essenziale usare meno le
macchine.**
Oggi *bisogna* **usare meno le macchine.**

a È indispensabile controllare l'inquinamento
nelle città. _____

b Ci sono problemi, ma è necessario essere
ottimisti. _____

c Non stai bene. È necessario un dottore.
_____

d La tua macchina non funziona;
è indispensabile una macchina nuova.
_____

e È importante essere tolleranti. _____

f Quando fai sport è importante bere molta
acqua. _____

8 In originale: In giro per Venezia

Reading for information

You are on holiday in Venice and you want to see the main sights. You come across a useful list of museums and art galleries to pick and choose from. Read it carefully and try to answer the questions.

a Quando è aperto il Museo archeologico?

b Quanto costa il biglietto per il Palazzo Ducale?

c Dove non si può andare il martedì?

d Quando è chiuso il Museo storico navale?

e Ho 62 anni e voglio visitare le Gallerie dell'Accademia. Quanto costa il biglietto?

f Quanto costano tre biglietti per adulti e due ridotti per la Collezione Peggy Guggenheim?

VOCABULARY

festivi la domenica e le feste religiose o civili
feriali i giorni di lavoro, dal lunedì al sabato
oltre over (e.g. oltre i 60 over 60 years of age)

---

9 Cosa c'è in città?

Practise using irregular plurals

On a train, travelling to an Italian city you have never visited before, you find yourself sitting next to a local person. Below are the questions you ask. Can you complete the answers using the words suggested? You will have to use plurals throughout. E.g.:

"C'è un buon ristorante?" *(molti)*
"Ci sono molti buoni ristoranti."

a "C'è un buon hotel ?" *(molti)*
" _____ "

b "C'è un teatro?" *(numerosi)*
" _____ "

c "C'è un buon bar?" *(moltissimi)*
" _____ "

d "C'è un'università?" *(due)*
" _____ "

e "C'è una basilica?" *(due)*
" _____ "

f "C'è un museo?" *(tre)*
" _____ "

g "C'è un programma di visite per i turisti?" *(vari)*
" _____ "

Palazzo Ducale

Piazzetta San Marco.

Tel. 5224951.
Aperto: 9,00-16,00.
Ingresso: L. 8000, ridotti L. 4000.

Pala d'oro e tesoro

Basilica di San Marco, Piazza San Marco.

Tel. 5225697

Aperto:
feriali 10,00-16,00,
festivi 14,00-16,00.

Ingresso: L. 2000,
ridotti L. 1000.

MUSEO ARCHEOLOGICO

Piazza San Marco 52.

Tel. 5225978.

Aperto: feriali 9,00-14,00,
festivi 9,00-13,00.

Ingresso: L. 3000 (gratuito per i cittadini italiani oltre i 60 anni).

Collezione Peggy Guggenheim

San Gregorio, 701 Dorsoduro

TEL.
5206288.

APERTO:
11,00-18,00;Chiuso il martedì

INGRESSO:
L. 7000, ridotti L. 4000.

MUSEO STORICO NAVALE

Arsenale, 2148 Castello.
Tel 5200276.

APERTO
9,00-13,00. Chiuso festivi.

INGRESSO
L. 2000.

Gallerie dell'Accademia

Accademia, 1050 Dorsoduro.

Tel. 522247.

Aperto: feriali 9,00-14,00;
festivi 9,00-13,00.

Ingresso: L. 8000
(gratuito fino a 18 anni
e oltre i 60).

10 Eavesdropping

*Practise using **a** plus articles*

You overhear snatches of conversation between native speakers of Italian and foreigners. The foreigners keep making mistakes in their use of the preposition **a** plus the definite articles. Can you correct their mistakes?

a "Quando parte l'aereo?"
"L'aereo parte **a** 7 ma dobbiamo essere **al**' aereoporto 2 ore prima."

b "I bambini sono con Susanna?"
"Sì, sono **agli** giardini pubblici."

c "Vai **al** stadio in macchina?"
"No, prendo l'autobus."

d "Dove lavora Carlo?"
"**Al** università."

e "Vai **al** manifestazione per la pace domani?"
"Sì, vieni anche tu?"

f "**Allo** semaforo devo girare a destra o a sinistra?"
"A sinistra."

11 Make the right choice!

Use the correct form of preposition

Which of the two options makes sense in each of these cases?

a Mi occupo **del/della** problema ambientale.

b Non è possibile andare **in/a** centro **in/nella** macchina.

c Questo è un profumo **a/alla** base **di/del** bergamotto.

d Siamo aperti **da/dalle** otto e trenta **alle/all'**una.

e Andiamo **a/in** città, **a/allo** stadio.

f Vendiamo guide e mappe **ai/agli** turisti.

g Vado **a/in** scuola **con/in** l'autobus.

h Prima vado **dal/alla** dentista, poi **in/dalla** farmacia.

12 Riascolta un po'

Useful conversational phrases

1 In a conversation, you need ways to take time, ways to stress that you are only expressing an opinion, and so on. Listen again to **Interaction 5**: can you spot the Italian equivalent of the following:

a Well, ... _____

b As a rule/generally, ... _____

c ..., I believe, ... _____

d ... and so on. _____

2 Can you imagine a situation in which you would use each of these expressions?

13 What's the right reply?

Practise personal direct object pronouns

Can you remember when to use **la**, **lo**, **li** and **le**? Try matching sentences **1–4** with **a–d**.

1 Conosci Paolo e sua moglie Gianna?

2 Marco deve essere dal dentista alle 5.

3 Conosci mia cugina Luisa?

4 Angela e Giorgia vogliono andare al cinema stasera.

a Lo accompagno io.

b Bè, le posso accompagnare io.

c Li conosco di vista.

d No, non la conosco.

VOCABULARY

di vista   *by sight*

---

14 Making sense

*Using **più** or **meno***

In order for each of these sentences to make sense, insert **più** or **meno** in the gaps.

a Per restare in forma bisogna fare _____ sport.

b Con _____ macchine si può controllare l'inquinamento.

c In inverno fa _____ caldo. In estate fa _____ caldo.

d Per essere felici bisogna essere _____ pessimisti.

15 In un negozio
More on object pronouns

You are on holiday in Italy. Every day you go window shopping and see items such as those pictured below.

1 Can you remember what they are called? To help you, the relevant definite articles have already been provided.

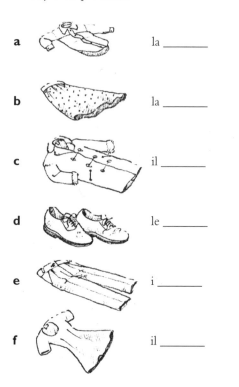

a   la _____

b   la _____

c   il _____

d   le _____

e   i _____

f   il _____

2 Can you ask the shop assistant if you can try each item on, using the appropriate direct object pronoun as in the example below:

a *Scusi, la posso provare?*

16 Odd man out
*Practise **dire** and **dare***

In each of these sets of verb forms there is one word which does not belong to the same verb as the other three. Can you find it?

a dico   dici   dice   dà

b do   dico   dai   dà

c diciamo   diamo   dite   dicono

d dice   danno   date   diamo

17 Che stress!
*Use **la gente** or **le persone***

Doctor Berti, a psychologist, is talking about the disease of our times: stress! Fill in the gaps with **la gente** or **le persone**, as appropriate.

"Dottoressa Berti, è vero che _____ oggi è stressata?"

"Sì, è vero. Oggi _____ ha sempre fretta, fa tutto in fretta. Tutte _____ che lavorano, o studiano, hanno una vita molto stressante. Oggi _____ ha poco tempo libero, e ha fretta anche se si diverte!

Però, ci sono _____ che hanno bisogno di questo ritmo, e _____ che non resistono. E se _____ non resiste, arriva lo stress."

> **VOCABULARY**
>
> **che**   *that/who*

18 In originale: La cura dei capelli
Test your reading skills

While flicking through the pages of a magazine, you come across the following advert. Say which of the following sentences are true and which are false:

a Dedica è uno shampoo per capelli normali.

b Dedica non contiene ammoniaca.

c Con Dedica i capelli bianchi non si vedono.

d Dedica ha un effetto permanente sui capelli.

19 In originale: Il treno verde

Test your reading skills

1 Read this information leaflet on the **Treno Verde** then answer the questions.

a Che cosa è Legambiente?

b Su quali tipi di inquinamento cerca dati?

c Di che tipo di inquinamento si occupa il Treno Verde?

d Andrea ha meno di 16 anni: può essere socio di Legambiente?

e Quanto costa essere socio ordinario?

f Si può pagare con la carta di credito?

g Cosa è Nuova Ecologia?

VOCABULARY

su *on*

sostenere *to support*

mensile *monthly*

---

2 Would you like to join? Fill in the form with your data and your choices.

Legambiente é l'associazione dei cittadini che considerano l'ambiente non come un lusso, ma come un bene primario da difendere. Legambiente raccoglie e diffonde ogni anno migliaia di dati sull'inquinamento urbano (con il Treno Verde), marino (con la Goletta Verde), dei fiumi (con l'Operazione Fiumi). Il Treno Verde di Legambiente è la più grande campagna di analisi e informazione sull'inquinamento urbano promossa e gestita da un'associazione ambientalista. Il Treno Verde difende l'ambiente per difendere anche la tua salute. Sostienilo, aderisci a Legambiente.

FAI LA COSA GIUSTA

Sostieni il Treno Verde
Sostieni Legambiente

Voglio sostenere anch'io LEGAMBIENTE. Vi invio:

- **10.000** lire (quota minima socio giovane*)
- **30.000** lire (quota minima socio ordinario)
- **100.000** lire (quota minima socio sostenitore**)
- Se sei un insegnante e vuoi aderire come Socio Insegnante telefonaci al n. 06/8841552
- tramite assegno non trasferibile intestato a LEGAMBIENTE;
- tramite carta di credito (telefonando allo 06/8841552);
- tramite versamento sul conto corrente postale n. 57431009 intestato a: LEGAMBIENTE, Via Salaria 280, 00199 Roma.

* fino a 16 anni ricevono Legambiente ragazzi
** i soci sostenitori ricevono in abbonamento gratuito il mensile "La Nuova Ecologia" oppure una copia di "Ambiente Italia"
Tutti i soci di LEGAMBIENTE ricevono a casa il bollettino mensile "LEGAMBIENTE Notizie".

Cognome ....
Nome .... *Data di nascita* ....
Via .... *n.* ....
Cap .... *Città* .... *Provincia* ....
Per i soci sostenitori: desidero ricevere
☐ **Abbonamento a Nuova Ecologia** ☐ **Copia di Ambiente Italia**

Il tagliando va compilato in tutte le sue parti e spedito insieme all'assegno o alla ricevuta di versamento a LEGAMBIENTE (Via Salaria ,280 - 00199 Roma). La tessera vi sarà inviata al più presto all'indirizzo indicato.

Revision – Units 1–5

1 Dove vai?

Use of indefinite and definite articles (Units 1–4)

1 What are these places? Match the drawings to the captions and put **un**, **uno**, **una**, **un'**, as appropriate, in front of each:

Drawings as follows:

a supermarket   _____ supermercato

b news–stand   _____ edicola

c stadium   _____ stadio

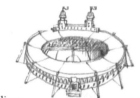

d railway station   _____ stazione

2 Which of the following groups of words do you associate with each of the places above? Remember to put in the **definite** articles this time!

a _lo_ sport   **b** ____ biglietti
    ____ calcio   ____ treno
    ____ partita   ____ orario

c ____ acqua minerale   **d** ____ francobolli
    ____ pesche   ____ giornali
    ____ spinaci   ____ cartoline

2 La mia città!

Use of c'è/ci sono (Unit 2)

Gina is describing her town to a friend. Choose the right verb form from the ones suggested.

La mia città non **è/c'è** molto grande. **C'è/È** una tipica cittadina di provincia: **sono/ci sono** circa 30.000 abitanti, e **c'è/è** una parte antica, il centro storico, e una moderna. Nel centro storico **c'è/è** una torre medioevale, molto famosa, e vicino **sono/ci sono** i giardini pubblici, dove d'estate **è/c'è** possibile vedere il cinema all'aperto. **Sono/ci sono** molti turisti, ma **è/c'è** sempre una città tranquilla – e a volte **c'è/è** anche un po' noiosa!

3 La foto di famiglia

Using possessives with members of the family (Units 2–3)

Andrea is showing you his family photos. Fill the gaps with the appropriate possessives, with or without article.

Questo è _____ padre, questa è _____ madre, questi sono _____ zii, Carlo e Giuseppe, con _____ mogli, Margherita e Lucia. Queste sono _____ cugine, con _____ fidanzati. Questa è _____ sorella, con _____ figlia e _____ marito. E questo sono io con _____ fidanzata Anna.

4 L'invito

Time and place expressions (Unit 4)

You have received an invitation to a traditional Italian wedding (see next page). The text contains eight mistakes, all to do with the use of articles and prepositions. Can you correct them?

VOCABULARY

sono lieti di invitarvi   you are cordially invited

Rossana e Franco

annunciano il loro matrimonio

il sabato 30 luglio 1994, a 12 e 30,

nella Chiesa di San Pio X,

in Piazzetta Venezia, al Gubbio.

Dopo della cerimonia sono lieti di invitarvi per il pranzo dal

Ristorante Gatto d'Oro, in vicino del

Castello di Monte Berico,

a cinque km della città.

5 Come viaggia?

Use of prepositions and articles (Unit 4)

Two people are talking about the means of transport they regularly use. Fill in the gaps with the right preposition (**a**, **di**, **da**, **in**, etc.), or combination of preposition and article (**al**, **del**, **dal**, **nel**, etc.).

Marco: Tutte le mattine, ____ lunedì ____ venerdì, vado ____ ufficio ____ macchina. Durante il fine settimana, mi piace andare ____ bicicletta, per fare un po' ____ esercizio, e qualche volta vado anche ____ cavallo. Ma la domenica mi riposo: vado ____ stadio.

Giacomo: Di solito vado ____ piedi ____ casa fino ____ fermata ____ autobus; prendo il 12 e scendo proprio vicino ____ ufficio dove lavoro. ____ tempo libero viaggio ____ la mia famiglia: prendiamo la macchina e andiamo ____ trovare amici e parenti. Non faccio sport: massimo una passeggiata ____ giardini pubblici.

6 Wordsearch

Revise vocabulary (Unit 4)

The names of 8 means of transport have been hidden among these letters. Can you find them? You can move upwards, downwards, sideways, backwards, diagonally, and even round corners!

B	S	T	G	H	O	D	V	A	T
I	U	C	Z	N	E	M	F	G	O
C	B	H	E	L	R	A	M	A	S
I	O	R	N	O	E	C	N	L	I
C	T	P	Q	R	A	C	A	O	N
L	U	S	T	U	A	H	M	D	U
E	A	V	Z	T	B	I	L	N	M
T	C	D	I	E	L	N	L	O	E
T	F	O	G	H	I	A	U	G	T
A	N	A	T	I	L	O	P	O	R

7 What is their job?

Guessing what people do (Unit 4)

Who are these people talking to? Choose the right profession from the list:

**giornalista   segretaria   avvocato
postino   commessa   tassista**

a È pronta la lettera per l'avvocato Scarpa?

b Scusi, dov'è il reparto profumi?

c Non leggo i Suoi articoli. Sono noiosi!

d Buongiorno! C'è posta per Bianchi?

e Sono innocente! È la verità.

f Devo andare in via Roma 15, per favore.

8 Al mercato

Revise the use of del/della/dello, etc. (Units 4–5)

You are shopping for tonight's dinner party. Fill in the gaps with the appropriate form of **di** + definite article.

a "Devo fare il tiramisù. Mi dà: _____ uova, _____ mascarpone, _____ zucchero, _____ biscotti, _____ cioccolata, _____ caffè e _____ cognac."

b "Per la macedonia prendo _____ uva, _____ pesche, _____ aranci, _____ fragole, _____ lamponi, _____ pere e _____ limoni."

9 A che ora inizia?

Saying when something starts and ends (Units 4–5)

1 Here is the programme of the Cinema Eden for tonight. With the help of this information, complete the telephone conversation below, from which time expressions and forms of the verbs **iniziare** (*to start*) and **finire** (*to finish, see Systems 3*) are missing.

> ### Cinema Eden
> Inizio film: ore 22.15
> Fine film: ore 24.00

"Buonasera, posso sapere a che ora _____ il film per favore?"
"Certo: _____"
"E a che ora _____?"
"_____"

2

These are the opening and closing times (**orari di apertura e di chiusura**) of the Museo Comunale. Complete the dialogue with time expressions and forms of **aprire** (*to open*) and **chiudere** (*to close*).

> ### Museo Comunale
> Apertura: ore 9.30
> Chiusura: ore 13.00

"Buongiorno, mi può dire a che ora _____ il museo, per favore?"
"Sì, _____"
"E a che ora _____?"
"Beh, _____. E non _____ il pomeriggio."

10 Informazioni

Revise the language used when asking questions (Units 2–5)

You are in Florence and you need to find out certain pieces of information.

1 In the street, you ask a policeman :

a whether there is a bank nearby.

b at what time the banks open.

c where the station is.

2 At the station, you ask the ticket clerk:

a how much the ticket to Rome is.

b when the train for Rome leaves.

c whether you have to change.

3 On the train, talking to the person sitting next to you, you ask:

a what his/her name is.

b what his/her job is.

c how long he/she has been living in Florence.

11 Festa di compleanno

Using the verb potere (Unit 5)

Bruno has invited a lot of friends to his 30th birthday party, but not everybody can attend. Complete the messages left on his answering machine with the necessary form of **potere**.

a "Ciao, sono Susanna. Mi dispiace, ma domenica non _____ venire. Auguri!"

b "Ciao Bruno, sono Marta. Grazie
dell'invito! Io e Carlo ____ venire, ma i
bambini non ____ perché sono in
campeggio. A domenica ..."

c "Caro Bruno, sono Francesca. Io vengo,
domenica, ma Daniele non ____, è fuori
per lavoro, come al solito!"

d "Ciao Bruno! Sono Massimo. Domenica
vengo, ma solo se c'è Giovanna. ____
invitare anche lei? Grazie!"

b *Marino, 47 anni:*
"Io con la televisione **rilasso/mi rilasso**!
La sera di solito **metto/mi metto** in
salotto e **sto/mi sto** lì per due o tre ore.
Quando **guardo/guardi** la TV non
devo/deve pensare ai problemi del mio
lavoro – e io **ho/ha** bisogno di rilassarmi
perché **fa/faccio** un lavoro difficile. A
volte però io e mia moglie **usciamo/
uschiamo**, o **giocamo/giochiamo**
con i nostri bambini."

12 Opinioni sulla TV

Present tense of regular and irregular verbs

Two Italians have been asked what they think
about television. Below are their opinions.
Can you choose the correct form of all the
verbs?

a *Antonella, 17 anni:*
"I programmi di oggi non **offrono/
offriscono** cose interessanti per i giovani.
Io non **guarda/guardo** molto la TV,
preferisco/prefero andare fuori con gli
amici; di solito **troviamo/ci troviamo** in
piazza e **rimaniamo/rimangono** a parlare
fino a mezzanotte e qualche volta
andiamo/vanno in discoteca. Mio padre
non **capisco/capisce** questo mio modo di
divertirmi, ma io non **voglio/vuolo** essere
come lui che **si dorme/dorme** davanti alla
televisione tutte le sere!

13 In originale: Che tempo fa?

Talking about the weather (Unit 5)

1 Look at the weather map below and say
which statements are true and which are false.

vero falso

a Oggi in Italia fa bel tempo. ☐ ☐

b Piove nel Sud d'Italia. ☐ ☐

c Ci sono dei temporali con
tuoni e lampi. ☐ ☐

d Nel Nord il tempo è sereno. ☐ ☐

e Nella zona delle Alpi nevica. ☐ ☐

f Tira vento nel Nord-Est
d'Italia. ☐ ☐

g In Toscana c'è il sole. ☐ ☐

2 Now correct the false statements.

Oggi in Italia non fa bel tempo, fa/è ...

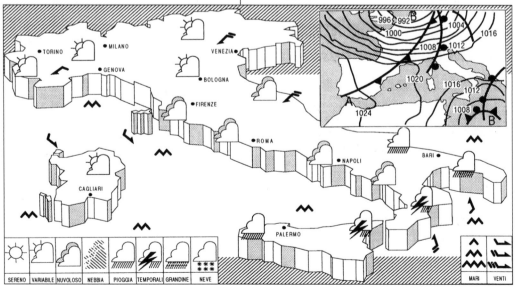

6   *Il mondo della musica*

> **OBJECTIVES**
>
> Saying what you like and dislike   Making arrangements
> Talking about the arts   Saying what you've done/where you've been

1 Che cosa vuoi fare da grande?

Vocabulary practice

1 A group of children were asked what they would like to do when they grow up.
Can you guess what their answers were?
Complete each sentence with a suitable profession and the appropriate definite article.

a Voglio fare _____, come Sofia Loren.

b Sono appassionato di storie poliziesche, e da grande voglio fare _____, e scrivere solo gialli.

c Sono brava a disegnare, da grande faccio _____.

d Non ho deciso; sono bravo a suonare e anche a cantare; voglio fare _____ o _____.

e Mi piacciono i film e voglio lavorare nel cinema. Ma non mi piace recitare perché sono timido. Allora ho deciso che da grande faccio _____.

2 This is your chance to change profession: Che cosa vuole fare Lei?

2 What do you like?

Use quale or quali

1 Replace the colloquial **che** in each question below with **quale** or **quali** as appropriate.
E.g.:

Che attrice italiana ti piace di più?
Quale attrice italiana ti piace di più?
or
Che verdure preferisci?
Quali verdure preferisci?

a <u>Che</u> sport ti piace di più? _____

b <u>Che</u> programmi televisivi preferisci? _____

_____

c <u>Che</u> stagione preferisci? _____

d <u>Che</u> macchine ti piacciono di più? _____

_____

e <u>Che</u> colori preferisci? _____

_____

f <u>Che</u> regista americano ti piace di più? _____

_____

2 What would your personal answers be?

3 Quiz about Italy

*Choose between **qual** and **quali***

Fill in the gaps with **qual** or **quali** as appropriate and then try and answer the questions yourself.

a _____ sono i colori della bandiera italiana?

b _____ sono le tre città del triangolo industriale?

c _____ è il prefisso per l'Italia?

d _____ sono i mari che circondano l'Italia?

e _____ è l'opera lirica con l'aria "La donna è mobile"?

f _____ è la compagnia aerea nazionale italiana?

4 Riascolta un po' 🔲

Listening for special expressions

Listen carefully to **Interaction 3**. Can you find the Italian for the following expressions?

a ... I attend the seventh year. _____

_____

b ... we are studying a symphony ... _____

_____

c The first piece of music I played ... _____

_____

5 Andiamo al cinema

Revise the articles

1 Here are the summaries of some films. From the first two, all the **definite** articles have been left out. Can you fit them in again?

Caro diario

_____ malattia. _____ Italia e _____ sua televisione. Un viaggio per _____ isole siciliane con _____ suo più vecchio amico. _____ passione per _____ stupido mondo della televisione e _____ suo orrore. Dopo _____ sua vera malattia, dopo _____ crisi del comunismo, _____ regista, Nanni Moretti, si confronta ancora una volta con se stesso.

> **VOCABULARY**
>
> **malattia** *illness*
> **confrontarsi** *to face*
> **se stesso** *himself*

Tango

Lei scopre _____ tanti tradimenti del marito, e decide di fare qualcosa. _____ film è una dark comedy su cosa _____ uomini pensano delle donne, e viceversa. _____ titolo è Tango perché per ballare _____ tango bisogna essere in due.

> **VOCABULARY**
>
> **scoprire** *to discover*
> **tradimento** *unfaithfulness*

2 In this last summary all **indefinite** articles are missing. Can you provide them?

Insonnia d'amore

Mentre guida da Baltimora a Washington, _____ ragazza, Annie Reed, ascolta _____ trasmissione di _____ radio locale, condotta da _____ psicologa e dedicata ai desideri. Jonah, _____ bambino, confessa _____ strano desiderio: trovare _____ altra moglie per il padre vedovo.

> **VOCABULARY**
>
> **vedovo** *widower*

3 Can you write a short summary of a favourite film?

6 Le or La?

Choose the right pronoun

Can you remember when to use the indirect pronoun **Le** and the direct pronoun **La**? Fill in the gaps choosing between the two.

a "_____ posso disturbare un attimo?"
"Prego, prego."

b "_____ ringrazio di nuovo per il Suo aiuto."
"È stato un piacere."

c "_____ restituisco le chiavi."
"Grazie e arrivederci."

d "_____ voglio presentare mio figlio."
"Molto piacere."

e "_____ posso invitare a cena stasera?"
"Veramente ho già un impegno stasera."

f "Quando _____ posso telefonare?"
"Domani sera verso le otto, va bene?"

7 Odd man out

Revise vocabulary and definite articles

In each line there is a word whose definite article is different from all the others. Can you find the odd man out?

a telegiornale canale televisione televisore
b trama puntata commedia programma
c teatro spettacolo film cinema
d documentario romanzo fumetto radio

8 When can we meet?

*Make arrangements using **potere***

A friend suggests doing things together. Check your diary for the times which haven't been crossed out, and then accept or, if necessary, suggest the nearest suitable alternative. Follow the examples below for your replies.

Ore	Lunedì	Martedì	Mercoledì	Giovedì	Venerdì	Sabato	Domenica
09.00	X	X	X	X	X	X	X
10.00	X	X	X	X	X	X	X
11.00	X	X	X	X	X	X	X
12.00	X	X	X	X	X	X	X
13.00	X	X	X		X	X	X
14.00		X	X		X		
15.00		X	X		X		
16.00		X	X	X	X		
17.00		X	X	X	X		
18.00		X	X	X	X		
19.00		X			X		
20.00	X	X			X		
21.00	X	X			X		
22.00	X	X			X		

Perché non ci vediamo lunedì mattina?
Lunedì mattina non posso. Ma ci possiamo vedere lunedì pomeriggio.

If you had been able to meet at the time suggested you could have said:
Sì, lunedì mattina posso.

a Ceniamo insieme martedì?

b Pranziamo insieme mercoledì?

c Perché non andiamo al cinema giovedì sera?

d Facciamo una partita a tennis venerdì pomeriggio?

e Vieni con me a fare spese sabato mattina?

f Andiamo a mangiare una pizza insieme domenica sera?

9 Pronto, chi parla?

Test your telephone skills

1 Read the following paragraph about the Rossi family. Then fill in the missing sentences in the telephone conversation, between a member of the family and a friend. The phone rings at 3.30 p.m.

> Nella famiglia Rossi ci sono il padre, la madre e due figlie. Il Signor Rossi è un architetto, e a volte lavora a casa, nel suo studio. La moglie insegna alla scuola elementare, tutte le mattine, dalle otto all'una. Le figlie, Paola e Grazia, studiano. Paola ha 12 anni e ha un'amica che si chiama Cristina. Grazia ha 9 anni, e anche lei ha un'amica di nome Cristina!

A Pronto, chi parla?

B _____

A L'amica di Paola?

B _____

A Ah, scusa. E vuoi parlare con Grazia, suppongo?

B _____

A No, mi dispiace, non c'è. È andata in centro con sua madre.

B _____

A Sono uscite da circa venti minuti.

B _____

A Fra le quattro e le cinque, credo. Vuoi lasciare un messaggio?

B _____

A Va bene, le dico che richiami stasera. A che ora?

B _____

A Benissimo, verso le otto.

B _____

A Arrivederci.

2 Can you say who answered the phone?

3 Considering who is talking to whom, check that you used the right form of address in completing the conversation.

10 Tastes!
Talk about what people like and dislike

1 Look at the grid, which tells you what certain people like or don't like; then answer the questions (X = Sì ; 0 = No).

	Laura	Sandro	Gigi	Nina	Lei
il jazz	0	0	X	0	
i cantautori	X	0	X	X	
i libri gialli	X	X	0	0	
il bridge	0	X	0	X	
i film western	0	0	X	X	
il teatro	X	0	X	X	

a Che cosa piace a Laura?

b Che cosa non piace a Sandro?

c Cosa piace a Nina e a Gigi?

d Che cosa non piace a Laura e a Nina?

2 What are your likes and dislikes? Fill in the space in the grid, then answer the questions:

a E a Lei, che cosa piace?

b Che cosa non Le piace?

11 Posso dare una mano?
Practise the pronouns mi, gli, le, ti, ci

Fill in the gaps choosing from the pronouns above.

a "Gino, hai molto da fare?"
"Abbastanza."
"_____ posso dare una mano?"

b "Allora, quando suoniamo?"
"Lunedì sera alle otto al Club Confetti."
"Benissimo! E quanti soldi _____ danno?"

c "Che cosa regali a Renata per il suo compleanno?"
"Non so ancora. Tu cosa dici?"
"Perché non _____ regali un bel libro di fantascienza?"

d "C'è tuo fratello?"
"No, è fuori."
"_____ dici quando torna?"

e "Pronto buongiorno, c'è Riccardo?"
"No, è dal dentista."
"_____ può dire che io stasera non vado in discoteca?"

12 A che ora?
Revise expressions of time

Your friend loves complicated turns of phrase. Can you substitute more usual expressions for those which have been underlined?

a Ci vediamo non prima e non dopo le cinque.

b Arrivo non esattamente alle otto.

c Ti telefono dopo le due e prima delle tre.

d Vengo a casa tua dopo la mattina e prima della sera.

e Ho telefonato il giorno prima di oggi.

13 I'll do it ... tomorrow!
Using object pronouns

Transform each of the following sentences according to the example below:

"Hai comprato i biglietti per il teatro?"
(domani)
"*Li compro domani.*"

a "Hai telefonato a Federica?" *(domani)*
"_____"

b "Hai fatto la spesa?" *(domani)*
"_____"

c "Hai comprato le pastiglie per la gola?" *(domani)*
"_____"

d "Hai fatto i compiti?" *(dopo)*
"_____"

e "Hai scritto a Lorenzo?" *(dopo)*
"_____"

f "Hai letto il giornale?" *(dopo)*
"_____"

g "Hai parlato ai tuoi genitori?" *(dopo)*
"_____"

I4 Have you ever ... ?

Use the past tense with avere

I Match each verb with a suitable picture and then ask questions following the model on the right:

1 mangiare   a

2 bere   b

3 leggere   c

4 visitare   d

5 guidare   e

VOCABULARY

mai   *ever*

---

1 Ha mai mangiato una pasta alla crema?

2 _____?

3 _____?

4 _____?

5 _____?

2 Now answer the questions yourself and check your results in the **Key**.

I5 In originale: Dove sono stati?

Use the past tense with essere

Look at the bills and tickets below and say where the various people have been. Use either **andare** or **stare** in all your sentences.

Laura e Simona sono andate/sono state in piscina.

a Marina e Carla _____

b Luigi _____

c Emanuela e Luca _____

d Il Sig. Rossi _____

e Lucia _____

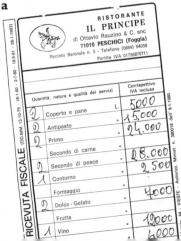

16 In originale: Il profilo

*Choose between **essere** and **avere** when using the past tense*

Read this profile of Gianni Morandi, a popular Italian singer. Can you fill the gaps?

Gianni Morandi _____ nato a Monghidoro, in provincia di Bologna nel 1944. A dodici anni _____ andato a Bologna dove _____ studiato musica con la maestra Scaglioni. Nel 1961 _____ vinto il Festival di Bellaria. Poi _____ partecipato al programma *Alta Pressione* insieme a Rita Pavone. Il vero successo _____ arrivato nel '63 con la canzone *Fatti mandare dalla mamma* ... Nel '64 _____ fatto il suo primo film e _____ avuto successo anche come attore. _____ sposato l'attrice Laura Efrikian nel 1966, ma il matrimonio _____ finito dopo qualche anno.

17 In originale: Cantautori

Test your reading skills

On the right are reviews of recent records by two Italian **cantautori**:

a Which one was recorded live?

b One of the records shares its title with another work by the same singer, which, however, has nothing to do with music! Which record is it, and what is the other 'product'?

c One of the two records contains songs written by other **cantautori**. Which record is it, what are the songs called and who are the authors?

d In one of the records there is a song about the Berlin wall. Why was the song written?

e Who were Costante Girardengo and Sante Pollastri, the protagonists of one of Francesco De Gregori's song?

VOCABULARY

fuorilegge	*outlaw*
brani	*pieces*
spericolata	*reckless*
sfiorire	*to wither*
naziskin	*neo-nazi skinhead*
superpentito	*supergrass*
mitomani	*compulsive liars*

i dischi

Francesco De Gregori
IL BANDITO E IL CAMPIONE
(Colombia/Sony Music)

Questo disco contiene buona parte del lavoro di Francesco registrato nel corso degli ultimi mesi qua e là per l'Italia. La prima canzone però è un inedito registrato in studio e si intitola "Il bandito e il campione" ed è stata scritta da Luigi Grechi e racconta la strana storia di Costante Girardengo e Santa Polastri, amici d'Infanzia divenuti successivamente l'uno un eroe del ciclismo l'altro un fuorilegge. Il resto è stato completamente registrato dal vivo. Oltre a questo ci sono 18 brani tra cui: "Viva l"Italia", "I muscoli del capitano", "Adelante! Adelante!" e ancora "La storia", "Vecchi amici" e "Vita spericolata" e "Sfiorisci bel fiore", le canzoni rispettivamente di Vasco Rossi e Enzo Jannacci improvvisate sul palco durante le prove e poi inserite nella scaletta del concerto.

Francesco Baccini
NUDO
(CGD)

Baccini pensa ai sentimenti. Ma non gli è più sufficiente esprimersi con i dischi. Per le emozioni, piccole e grande che siano, Baccini si è dedicato anche alla stesura di un libro edito dalla Bompiani che ha lo stesso titolo del disco: NUDO.
Sono dodici canzoni. Apre "Ho voglia di innamorarmi" seguito da "Venticinque dicembre", una riflessione sul Natale, e la provocatoria "Rifacciamo il muro di Berlino". "Mio padre è stato due anni a Mauthausen - spiega Baccini - e la canzone nasce dall'idea di quale reazione avrebbe avuto alla vista dei "naziskin". A me, vedere le svastiche sui jeans dei ragazzini fa schifo. Propongo di costruire senza

esitazione un bel muro (psicologico, naturalmente) e di chiuderci dentro una volta per tutte la stupidità, il razzismo e i pregiudizi." Tra gli altri, "Nudo" in cui Francesco spiega la sua voglia di arivare all'essenziale, "Il superpentito" dedicato a tutti i mitomani una categoria in continua espansione. Chiude "Wheels in Motion" e Baccini spiega che è la canzone ufficiale degli ultimi mondiali di ciclismo (OSLO 1993). La Norvegia è la sua nuova patria d'adozione? O la sua via di fuga?

1 In originale: La carta telefonica

Revise prices

1 This is an Italian phonecard. Answer the questions.

a Quanto costa?

b È ancora possibile telefonare con questa carta?

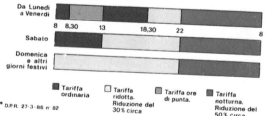

2 Now look at the information printed on the back of the card. Can you say:

a Quando costa di più telefonare?

b Quando costa di meno?

2 ... e questo è per te!

Practise stressed pronouns

Fill in the gaps using stressed pronouns together with appropriate prepositions. E.g.:

"Stasera vado dalla zia Elena."
"Perché stasera non vieni al cinema e vai *da lei* domani sera?"

a "Questo è per te!"
"____? Grazie è stupendo."

b "Posso venire con voi?"
"____ ? Sei pazzo?"

c "Venite da Roberto anche voi domani sera?"
"Sì, ci vediamo ____ verso le otto."

d "Hai mandato l'invito ai signori Battisti?"
"____ sì, ma non so se mandarlo ai Rossi."

e "Che cosa regali a me e a Silvio per Natale?"
"____ niente, ____ forse una cravatta."

f "Nicola ti ha già parlato della sua nuova fiamma?"
"No, non mi parlato ____ Chi è? Com'è?"

3 Al telefono

Practise telephone language

Rearrange these dialogues:

1 "Sono Giorgio, c'è Renato?"
"Grazie."
"Sì, un momento."
"Pronto, chi parla?"

2 "Mi dispiace, il Ragioniere è fuori tutto il giorno."

"No, chi lo desidera?"

"Sono il Dottor Vannini."

"Pronto buongiorno, è in ufficio il Ragionier Galli?"

3 "All'ora di pranzo, credo."

"No, è uscito dieci minuti fa."

"Pronto, ciao Carla, sono Laura, c'è tuo padre per caso?"

"Sai quando torna?"

4 "Come ha detto, scusi?"

"Pronto, è lo studio dentistico?"

"Mi dispiace, ha fatto un altro numero: questa è la stazione."

"Cerco il Dott. Gazzini, il dentista."

a What type of product is advertised and what is it called?

b What is its peculiarity?

c What happens if you lose it?

> **VOCABULARY**
>
> **smarrire**   perdere   *to lose*

2 Can you find the words used for the following?

a Back door

b Safe

c Garage

d Office filing cabinet

e Lock

4 In originale: UNICA

Revise vocabulary

1 Read the advertisement below and then answer the questions:

Unica, dedicata a chi non colleziona chiavi

Ingresso principale

Porta retro

Cassaforte

Box auto

Se alle collezioni di chiavi preferisci quelle di arte moderna o di farfalle, se troppe chiavi sono d'ingombro per le tue tasche, se smarrire le chiavi equivale ogni volta a sostituire le serrature, **Unica** è la soluzione per te.

Grazie alla nuova chiave **Unica** ed alle serrature a combinazione variabile Rielda, puoi utilizzare infatti la stessa chiave per aprire il tuo appartamento ed il tuo studio, il box auto ed il cassetto della scrivania, la casa al mare e quella in montagna. E se perdi la chiave? Ti basta un attimo: grazie ad un nuovo sistema meccanico, cambi solo la tua **Unica**, e non più le singole serrature. Comodità e sicurezza, in due parole. Anzi, in **Unica**.

Armadietto ufficio

Cantinola

Casa al mare

Casa di Monica

5 I'd rather ...

Practise pronouns after the verb

Fill in the gaps with the personal direct or indirect pronouns as appropriate. E.g.:

"Perché non regali un libro a Gianni?"
"Preferisco regalargli un CD."

a "Perché non vai a trovare i nonni?"
"Preferisco telefonar_____."

b "Che cosa dico a Fabiola?"
"È meglio spiegar_____ che cosa è successo."

c "Andiamo nel loro ufficio?"
"No, è meglio aspettar_____ qui."

d "Ti alleni in palestra?"
"No, preferisco allenar_____ all'aria aperta."

e "È qui per comprare una macchina?"
"Veramente sono qui per vender_____."

f "È difficile il tedesco?"
"No, basta studiar_____."

6 Ci

Recognise the different uses of ci

I Identify the role played by **ci** in each question (see *Italianissimo*, Book 1, page 142). Choose from the following:

There; Direct object; Indirect object; Reflexive (ourselves); Reflexive (each other); Pleonastic

a Ci vediamo domani, ragazzi?

b Chi ci ha scritto, mia madre?

c Ce l'hai tu il biglietto?

d Ci siete andati insieme?

e Quel poliziotto ci sta guardando?

f Ci possiamo lavare le mani?

2 Now provide the answers, using the words suggested below. E.g.:

a Sì/mezzogiorno

Sì, ci vediamo a mezzogiorno.

b No/tua sorella _____

c No/tu _____

d No/solo io _____

e No/panorama _____

f Sì/in bagno _____

7 Ci sei stato?

Practise the use of ci meaning 'there'

A friend tells you about places he has, or hasn't, been to. Reply following the examples below:

"Sono stato in America due volte."
"Anch'io ci sono stato/a due volte."
or
" Non sono ancora stato in Australia."
" Neanch'io ci sono mai stato/a."

a "Sono andato in Sicilia un mese fa."
" _____ "

b "Sono stato in Francia una volta sola."
" _____ "

c "Sono stato a sciare a fine dicembre."
" _____ "

d "Non sono ancora stato in vacanza quest'anno."
" _____ "

e "Sono passato da Giovanni ieri sera."
" _____ "

f "Sono andato a teatro la settimana passata."
" _____ "

g "Non sono mai andato in aereo."
" _____ "

8 Riascolta un po' 🔊

Listening for specific purposes

I Listen again to **Interaction 5**. In the dialogue, three suggestions are made using similar expressions. Can you find them:

a How about going on a day-trip?

b How about doing a tour of Basilicata?

c How about going there?

2 People accept proposals with different degrees of enthusiasm! Can you listen for the Italian equivalents of the following:

a It's not a bad idea. _____

b Fine by me! _____

c Perfect! _____

9 Invite a few people over

Practise **venire a trovare**

1 Ask people to come and see you at different times; e.g.:

Tu/aprile
Perché non mi vieni a trovare in aprile?

a Voi/giugno _____

b Lui/domenica prossima _____

c Tu/sabato sera _____

d Loro/il mese prossimo _____

e Tu/estate _____

2 What would they say to accept your invitation?

"Perché non mi vieni a trovare in aprile?"
"Per me va bene. Ci vediamo in aprile."

3 How would they, instead, refuse politely?

"Perché non mi vieni a trovare in aprile?"
"Mi dispiace ma non posso; in Aprile ho da fare."

10 In originale: Affittasi

Reading comprehension

1 Here are three advertisements (**a–c**) placed in a magazine by people looking for accommodation in **Bologna**. Match each with a suitable offer (**i–vi**). Notice that adverts of this type have some linguistic peculiarities: e.g. articles and prepositions may be left out; specialised words may appear, such as **affittasi** (a contraction of **si affitta** meaning *for rent*); and words maybe shortened, as in **cad.uno** for **cada uno** (*per person*).

2 From their context, can you guess what the following mean?

a camera doppia/camera singola

b posto letto

c settimana corta

d a partire da

e ore serali/ore pasti

f offresi

3 Finally: would you like to sell your house to an Italian and buy a new one in Italy? Write the two advertisements to be put in an Italian newspaper.

ANNUNCI - CASA

a **Siamo due fratelli** e lavoriamo nel campo teatrale. Cerchiamo urgentemente camera doppia in appartamento tel.6492553 Roberto

b **Cerco posto letto** in casa con altri studenti, no settimana corta, a partire da febbraio tel.0585-794376 ore pasti o 0187-894487 anche sera tardi Francesca

c **Professoressa** di francese cerca urgentemente camera singola o monolocale da gennaio a fine luglio max 400.000 tel.497680 ore serali

i **Offro** a ragazza posto letto in appartamento, porta San Donato, da febbraio a maggio, L. 300.000 spese incluse tel.242628 Alessandra

ii **Affittasi** dal 1 gennaio posto letto in camera doppia a studentessa, no matricola, no fumatrice L. 270.000 spese incluse tel. 538334 ore serali

iii **Affittasi** camera singola in appartamento centrale. 330.000 spese escluse. tel. 260012 lasciare messaggio

iv **Camera** singola offresi 430.000 tel. 363741 Lucilla

v **Liberi 1/2 posti letto**, camera doppia, con altri studenti (zona Fossolo) L. 316.000 cad.uno spese incluse tel. 541695

vi **Affittasi** due posti letto in ampia camera a ragazze settimana corta in appartamento zona Saffi. 300.000 più spese condominiali. Tel. 551576 ore pasti

43

7

11 La casa in campagna
Dialogue skills

You want to rent a country house in Tuscany. You ring the owner to ask for detailed information on prices, facilities, etc. Play your part in the conversation.

Owner: Pronto, casa Rossi.
You: Buonasera, telefono per la casa in campagna.
Owner: Ah, benissimo!
You: _____?
Owner: È libera da agosto a settembre.
You: _____?
Owner: L'affitto è un milione e cinquecentomila al mese.
You: _____?
Owner: Sono compresi l'acqua e il gas, ma non l'elettricità e il telefono.
You: _____?
Owner: Ma il riscaldamento in estate non serve!
You: _____?
Owner: Sì, c'è un box per due auto.
You: Posso avere altre informazioni per posta?
Owner: Sì, certo, domani le mando tutte le informazioni. Arrivederci.
You: Arrivederci.

12 How does one do it?
Use of impersonal si

Here are some questions you might ask an Italian person. However, they have got jumbled up and need to be reconstructed. Can you join up the two halves of each question? Use each part only once!

1 Come si usa   **a** il waltzer?
2 Come si gioca   **b** gli spaghetti alla carbonara?
3 Come si fanno   **c** una caffettiera italiana?
4 Come si scrive   **d** a briscola?
5 Come si balla   **e** Laura?
6 Come si preparano   **f** questi esercizi?

13 Funziona?
Practise the use of **basta**

Give explanations according to the example. Verbs can be chosen from the list below:

girare attaccare schiacciare tirare premere

> *"Scusi, questa televisione non funziona."*
> *"Ma sì che funziona. Basta schiacciare questo bottone."*

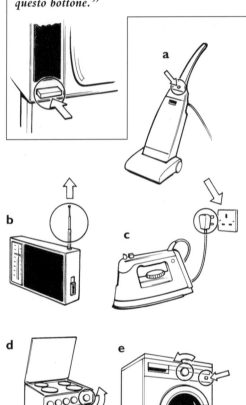

VOCABULARY

knob	*la manopola*
aerial	*l'antenna*
button	*il bottone*
plug	*la spina*
socket	*la presa*

14 Buon umore!

Revise grammatical structures and vocabulary

Can you understand Italian humour? Match each joke to the right cartoon below:

a Sì, Manlio, essere venuta quassù mi fa capire quali sono le cose veramente importanti nella vita: la mia cucina a gas, il mio lavello, il mio divano, la mia stanza da bagno ...

b Tranquillo Ernesto! L'ho staccata io, la corrente.

c Pronto! Il negozio di giocattoli? Quel disintegratore spaziale che ho comprato ieri per il mio bambino ...

d Lo scrivono anche sui giornali: la tivù sta diventando sempre più violenta.

e Sfortunatamente abbiamo un box troppo piccolo per la nuova auto.

f Fausto, li hai scaldati a sufficienza i muscoli, per venire ad aprirmi il vasetto di marmellata?

1

4

2

5

3

6

Che giornata!

Quando si parte per le vacanze?

Practise dates and expressions of time; talk about future plans

1 Below are some dates people have fixed for their holidays. Look at the example, and say when, in relation to the date shown here on the calendar, they are going to leave.

Oggi:
15 giugno

Giovanni: 30/6. *Giovanni pensa di partire il trenta giugno, tra due settimane.*

a Laura: 22/6. _____

b Carla e Marina: 15/7. _____

c Noi: 18/6. _____

d I Signori Martini: 15/8. _____

e Io: 18/6 o 19/6. _____

2 Now, it's time to plan your own holidays.

E Lei? Quando pensa di partire per le vacanze? Presto?

2 Possessions for sale

Revise irregular verbs

1 Use the appropriate forms of the verb **possedere** to describe the items these people want to sell. (If you have *Italianissimo* Book 1, look this up on p.198.) E.g.:

Io/mini-appartamento. *(Io) possiedo un mini-appartamento che desidero vendere.*

a Io/macchina. _____

b Mia sorella/casa in campagna. _____

c Mio fratello/bicicletta. _____

d I miei zii/un monolocale. _____

e Noi/un computer. _____

2 **Sedersi** (*to sit down*) has a pattern similar to that of **possedere**, but it is a reflexive verb. Can you complete the following sentences with the necessary form of the verb (and, of course, the pronoun which goes with it)? E.g.:

Mio padre si siede sempre su questa poltrona.

a Quando veniamo in questo ristorante ____ sempre vicino al camino.

b Di solito quando torni a casa ____ subito davanti alla TV?

c Io ____ qui. E voi dove ____?

d Nelle cerimonie ufficiali gli ospiti importanti ____ sempre in prima fila!

3 Ti dispiace se ... ?

*Make requests using **ti dispiace**, **Le dispiace**, etc.*

Look at the example below and decide what requests you could make in the following situations?

You have just arrived at a friend's house after a long car trip and you would like to ring home.
Scusa, ti dispiace se telefono a casa?

a You are having breakfast and you realise you have no knife. Could you use your partner's?

b You would like to buy some items in a shop, but you have no cash on you, so you need to know whether the shop assistant would let you pay with a credit card.

c The TV room at your hotel is getting hot and you would like to open the window, but you need to know if the other people there would mind.

d You are going on a day trip with a couple of friends. They are early risers and have suggested leaving at 7.00 a.m., while you would like to start off a bit later!

e A friend rings you just as you are having a shower. You make it to the phone, but don't fancy a long conversation just now. Could you ring back later?

4 Pleased, sorry or dissatisfied?

*Practise the difference between **non mi dispiace, mi dispiace** and **non mi piace***

Fill in the gaps choosing the appropriate expression.

a "Pronto? Parlo con il campeggio Riviera?"
"_____ , ha sbagliato numero."

b "Le piace guidare?"
"Bè sì, _____ soprattutto in autostrada."

c "Le piace Milano?"
"_____ molto perché è troppo industriale."

d "Le piace ballare?"
"_____, è un modo per tenersi in forma."

e "Perché non va oggi a fare la spesa?"
"_____ fare la spesa di sabato, c'è troppa gente in giro."

f "Avete una camera libera per una notte?"
"_____, è tutto esaurito."

5 Gioie e dolori

Express various feelings, from happiness to dismay

Which expression, among the ones listed below, fits into each mini-dialogue?
Each expression can be used only once.

Che pasticcio!   **Che peccato!**
Che giornata!   **Meno male!**
Non è niente.   **Mi fa piacere.**
Che bello!

a "Sono preoccupata: la mia macchina fa un rumore strano. È un problema serio?"
"Ma no, _____, basta un po' d'olio!"

b "Ho preparato io la cena. Contento?"
"Oh no! Hai lasciato tutto in disordine! Piatti, tegami ... e c'è farina dappertutto! _____."

c "Piove, tira vento, fa un freddo terribile e, per di più i musei oggi sono tutti chiusi."
"Già, _____."

d "Giorgio ha telefonato per dire che non può venire questa sera."
"_____. Mi diverto sempre quando c'è lui a una festa!"

e "Sai che Marta, la tua ex fidanzata, ha deciso di sposarsi con Claudio?"
"Davvero? _____ , sono contento per loro!"

f "Siamo quasi arrivati: l'hotel è dietro l'angolo."
"_____ Sono stanco di camminare!"

g "Quest'anno ho un mese intero di vacanze!"
"_____ E dove andiamo a passarle?"

6 Whose reply is it?

*Using **ne** when replying*

Match each sentence from **1** to **6** with one from **a** to **f**.

1 Ci sono ancora due fette di torta.
2 Faccio collezione di francobolli.
3 Fai errori di grammatica?
4 Perché ci sono solo cinque bicchieri?
5 Noi spendiamo circa 150.000 lire al mese per il cibo.
6 Avete una camera singola con bagno?

a Io ne spendo anche di più.
b Ne posso prendere una?
c Ah sì? E quanti ne hai?
d Ne abbiamo una, ma senza bagno.
e Uffa! Perché ne ho rotto uno.
f Ne faccio molti purtroppo.

7 Riascolta un po' 🔊

Test your understanding of directions

Listen again to **Interaction 6**. Can you find the Italian expressions (used in the dialogue) which answer the questions below?

a Dove è il cartello per Gallipoli? _____

b Dove devono incontrare Cioto? _____

c In quale parte della città vogliono chiedere la strada? _____

8 Per andare al ristorante

Practise giving directions

You have been given a leaflet advertising a restaurant in the centre of Florence. You have arranged to go there for dinner with a couple of friends who live outside Florence and are arriving by train. Luckily, you have a map of the relevant area (see next column).

> **VOCABULARY**
>
> **P.za = Piazza** *square*
> **V. = Via** *street*
> **attraversare** *to cross*

a Explain how to get to the restaurant from the station.

b Explain how to get to the hotel, in case they arrive early.

9 Essere gemelli

*Use **piacere** with **anche** and **neanche***

1 Roberta is talking about the things she has in common with her twin sister Lucia. Fill in the gaps choosing from the list:

a me piacciono   neanche a lei
a me piace   anche a lei (2)
a me non piace

"Roberta, tu hai una sorella gemella, vero?"
"Sì, si chiama Lucia."
"Tu e Lucia avete molte cose in comune?"
"Bè, abbastanza, lo sport per esempio, **a me piace** il tennis e _____ ; poi c'è la natura, l'ambiente, _____ vivere in città e _____, tutte e due preferiamo abitare in campagna. Poi c'è la musica, abbiamo gli stessi gusti. _____ *The Doors* per esempio e _____."

2 Federico is talking about the things he has in common with his twin brother Giorgio. They are not many! Fill in the gaps choosing from the list:

neanche a lui a me piace
a me piacciono
a me non piacciono   a lui piace (2)

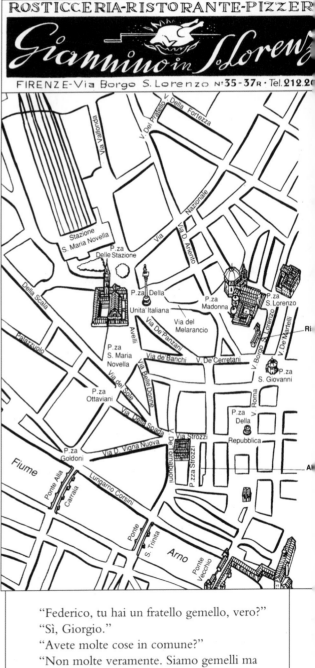

"Federico, tu hai un fratello gemello, vero?"
"Sì, Giorgio."
"Avete molte cose in comune?"
"Non molte veramente. Siamo gemelli ma abbiamo personalità diverse, per esempio **a me piace** stare in compagnia, invece _____ stare da solo. Poi, non so, _____ le automobili di grossa cilindrata e _____ la bicicletta perché dice che non inquina l'aria. Però in materia di film (*as far as films are concerned*) abbiamo qualcosa (*something*) in comune. Tutti e due detestiamo i film western, davvero _____ e _____."

10 What or who is missing?

*Practise the use of **mancare***

Match the questions from **1** to **4** with the answers from **a** to **d**.

1 Chi manca?   **a** Mi mancano 300 lire.

2 Quante persone mancano?   **b** Manca Roberto.

3 Che cosa manca?   **c** Mancano le uova.

4 Quanto ti manca?   **d** Ne manca una.

11 L'interrogatorio

Denying it's your fault; use double negatives

1 You have been stopped by the Carabinieri, and you are being questioned. Deny everything they suggest you have done. E.g.:

"Lei ha sorpassato in curva."
"Non sorpasso mai in curva!"

a "Ha parcheggiato in divieto di sosta."
"_____"

b "Ha superato il limite di velocità."
"_____"

c "Ha girato senza segnalare."
"_____"

d "Ha guidato a sinistra!"
"_____"

2 More trouble, this time with your car and documents. E.g.:

"Il suo passaporto è scaduto."
"Il mio passaporto non è ancora scaduto!"

a "La sua patente è scaduta."
"_____"

b "Le sue gomme sono consumate."
"_____"

c "Il suo parchimetro è esaurito."
"_____"

d "La sua assicurazione è da rinnovare."
"_____"

VOCABULARY

da rinnovare   *to be renewed*

---

12 Odd man out

Test your vocabulary

In each of the following groups of words there is one which does not fit. Can you find it?

a la cinepresa   il videoregistratore   lo stereo   il televisore

b il ritardo   lo scippo   la rapina   il reato

c il vigile   il giudice   la polizia   il delinquente

d la patente   la rubrica   il documento   la carta d'identità

13 Vietato!

Test your knowledge of the language of signs and warnings

Here are some notices you might come across when you go to Italy. Can you say in which of the places below they would be found?

1 È vietato attraversare i binari

2 È vietato fare fotografie

3 È vietato sporgersi dal finestrino

4 È vietato calpestare le aiuole

5 È vietato parlare al conducente

6  È vietato fumare

a in un museo.
b ai giardini pubblici.
c al cinema.
d alla stazione.
e in autobus.
f in treno.

VOCABULARY

sporgersi   *to lean out*
calpestare le aiuole   *to tread on the flower-beds*
conducente   *driver*

---

14 Not a chance!
Revise the use of double negatives

Complete the answers choosing from the list below:

non ... affatto; non ... ancora;
non ... nessuno; non ... niente;
non ... neanche; non ... più.

a Ha telefonato qualcuno? No, _____ ha telefonato _____.

b Ha già chiamato Dario? No, _____ ha _____ chiamato.

c Vuoi ancora spaghetti? No, grazie, _____ ho _____ fame.

d Sai come è successo? No, _____ ho visto _____.

e A me non piace la carne e a te? _____ piace _____ a me.

f Che cosa pensi dei risultati? _____ sono _____ contenta.

15 Lo sai o no?
*Practise the use and forms of **sapere***

Complete the following sentences. E.g.:

Non *so* cosa fare: aspetto ancora o telefono?

a Scusi, mi _____ dire dov'è la stazione degli autobus?

b Insomma, Gianni, dov'è questo teatro? Lo _____ o non lo _____?

c Mi scusi, signora, ma non lo _____ che è vietato parcheggiare qui?

d Allora ti telefono domani per _____ come è andato il viaggio.

e Ma lo _____ che tuo fratello _____ cucinare benissimo? Incredibile! E tu che non _____ preparare neanche un panino!

16 Un picnic
*More about **ne***

When we go out for a picnic there's always something we've forgotten.
Complete each interaction according to the example:

"Uffa! Mi sono dimenticato di portare la toglia." (1)
"Non importa, ne ho portata una io."

a "Uffa! Mi sono dimenticato di portare i piatti di carta." *(1 pacco)*
" _____ "

b "Ho dimenticato anche di portare i bicchieri." *(2)*
" _____ "

c "Mi sono dimenticato anche di portare le forchette." *(2)*
" _____ "

d "Uffa! Mi sono dimenticato di portare l'apriscatole." *(1)*
" _____ "

e "Oh no! Mi sono dimenticato di portare una bottiglia di vino." *(1)*
" _____ "

17 Cos'è successo?
Explain what's happened

Match each verb with one of the objects in the same list. Then tell a friend what happened to you, following the example under each list.

A

1	perdere	**a**	strada
2	dimenticare	**b**	treno
3	sbagliare	**c**	indirizzo

Ho perso il treno, poi _____,
e poi _____!

B

1	scadere	**a**	hotel
2	finire	**b**	patente
3	bruciare	**c**	benzina

È scaduta la patente, poi _____,
e poi _____!

C

1	bucarsi	**a**	freno a mano
2	fermarsi	**b**	gomma
3	rompersi	**c**	macchina

Si è bucata la gomma, poi _____,
e poi _____!

VOCABULARY

freno a mano *hand-brake*

D

1	controllare	**a**	multa
2	rubare	**b**	passaporto
3	fare	**c**	carta di credito

Mi hanno controllato il passaporto,
poi _____, e poi _____!

18 In originale: Europe on wheels

Test your understanding of the language of car-hire

One the right is part of a brochure for renting a car through Hertz. Which of the following were on offer under the "Europe on wheels" scheme?

		Sì	No
a	Prezzi competitivi		
b	Macchine quasi nuove		
c	Macchine per due giorni al prezzo di uno		
d	Prenotazioni 24 ore su 24		
e	Assicurazione		
f	Benzina gratuita per 24 ore		

VOCABULARY

noleggiare *to hire*
prenotazione *booking*
saldare il conto *to settle the bill*
Protezione Kasko *full insurance coverage*
Protezione P.A.I. *Personal Accident Insurance*
carburante *fuel*

EUROPE ON WHEELS

Per le vacanze vi diamo molto in cambio del vostro denaro

Noleggiando con Hertz vi rivolgete al No. 1 nel mondo dell'autonoleggio. Un servizio cortese ed efficiente, i modelli più recenti con un minimo di chilometri percorsi e tariffe vantaggiose, contribuiscono a fare della Hertz la scelta No. 1 per le vostre vacanze in Europa.

Basta prenotare con 24 ore di anticipo

Con le nostre nuove tariffe 1990 potete creare un programma di noleggio su misura per le vostre vacanze. In alcune località per prenotare una vettura Hertz bastano 24 ore di anticipo, anche per due soli giorni di noleggio. Per altre località è necessario prenotare con 7 giorni di anticipo per un noleggio minimo di 3 giorni. Perciò quando consultate le tariffe su questa brochure cercate il simbolo della "prenotazione con 24 ore di anticipo" – 24 ore

Tariffe tutto compreso: nessuna sgradita sorpresa

E' piacevole sapere che non ci sono extra nascosti – le tariffe "Europe on Wheels" sono "tutto-compreso" – quindi niente costi di chilometraggio aggiuntivo e nessuna sgradita sorpresa al momento di saldare il conto. Sono incluse la Protezione Kasko a le tasse locali. Pagherete solo il rifornimento di carburante e, se la richiederete, la Protezione P.A.I.

A caccia di funghi

1 Suggerimenti

*Make suggestions with **avere voglia di** ...*

These people seem to need some help deciding what's best for them. Make suggestions by asking them whether they fancy doing one of the activities below:

**mangiare qualcosa   bere una birra
andare al cinema   riposarsi
fare una doccia   parlare un po'**

For example:

Giovanni sembra stanco. *"Hai voglia di riposarti?"*

a Marco e Luciano sembrano annoiati.
    "_____"

b Dino e Andrea hanno sete.
    "_____"

c Annamaria ha fame.
    "_____"

d Carla sembra preoccupata.
    "_____"

e Antonio ha caldo.
    "_____"

2 Risotto ai funghi

Test your conversational skills

You have been invited to lunch by an Italian who is a very good cook. Can you reorder your lines to fit in with what he says?

Your host:

1 Buon appetito!

2 Allora, Le piace il mio risotto?

3 Sono freschi, sa!

4 Sì, certo, è semplicissima.

5 Grazie. Un altro piatto di risotto?

You:

a Per Lei è semplice: è un cuoco perfetto!

b No grazie, è ottimo ma basta così.

c Grazie, altrettanto.

d Si sente, deve darmi la ricetta.

e Mmm, è squisito e i funghi sono buonissimi.

3 All you need ...

*Practise the use of **bastare***

Headings such as these often appear in the Italian press; read them and fill the gaps with the missing pronoun and the appropriate form of **bastare**. E.g.:

GLI STUDENTI PROTESTANO: SIAMO STUFI DI PAROLE, LE VOSTRE PROMESSE NON CI BASTANO PIÙ.

a LA DONNA MODERNA VUOLE UN LAVORO. IL MARITO E I FIGLI NON ____ PIÙ!

b "IL MIO SEGRETO PER ESSERE SERENO? ____ ASCOLTARE VERDI!"

c "COME REGISTA È UN GENIO MA ____ POCO PER ARRABBIARSI".

d SE NON ____ I SOLDI PERCHÉ NON CI TELEFONATE?

e "IO E SANDRA SIAMO FELICI:____ GLI APPLAUSI DEL PUBBLICO."

f VUOI TELEFONARE LA DOMENICA MATTINA? DA OGGI ____ UN GETTONE.

4 Time for the agony aunt

Revise the use of negative expressions

1 Read the letter below and fill in the gaps with **mai**, **niente** or **nessuno/a** as appropriate.

Cara Letizia,
ho una figlia di 22 anni
che finora non mi ha _____ dato _____
preoccupazione. È molto intelligente, le
piacciono la natura e gli animali e così
ha deciso di diventare guardia forestale.
Sono molto preoccupata. Secondo me
un lavoro così non offre _____ e non dà
_____ possibilità di carriera. Anche mio
marito è scontento ma nostra figlia non
ascolta _____. Cosa ci consigli?
Una mamma di Roma

VOCABULARY

guardia forestale *forester*

---

2 What would your reply be?

5 Worse off

Talk about things you have never done

People are moaning about the recent lack of excitement in their lives. Reply saying you have better reasons to complain! Follow the example below, using the past tense, double negatives and a suitable pronoun from **ci**, **lo**, **la**, **li**, **le**.

"Non vado all'opera da un anno!"
"E io allora? Non ci sono mai andato/a!"

a "Non vado in Italia da due anni! "
"_____"

b "Non mangio caviale da tre mesi! "
"_____"

c "Non bevo champagne da una settimana! "
"_____"

d "Non trovo funghi da due ore!"
"_____"

e "Non vado in montagna a sciare da tre anni! "
"_____"

f "Non vedo le Alpi da mesi!"
"_____"

g "Non vinco la lotteria da anni! "
"_____"

6 Villaggio Turistico Giomar

Use ce n'è, ce ne sono

Before you book into the Villaggio Turistico Giomar you want to find out what facilities they have. What are their replies? E.g.:

"C'è un bar nel Villaggio?"
"Sì, ce ne sono due."

a "C'è un supermercato?"

"_____"

b "Ci sono ristoranti?"

"_____"

c "C'è una piscina?"

"_____"

d "C'è una discoteca?"

"_____"

e "Ci sono campi da tennis?"

"_____"

f "C'è una sala giochi?"

"_____"

VOCABULARY

sala giochi *games room*

---

7 Di chi è quello?

Practise saying 'that', 'those'

Fill in the gaps with the correct form. E.g.:

"Di chi è *quell*'asciugamano blu?"
"Quello è della zia."*

a "Di chi sono _____ scarpe sulla sedia?"
"_____ sono di Carlo."

b "Di chi è _____ agenda nella mia macchina?"
"_____ è mia."

c "Di chi è _____ portafoglio sul comodino?"
"_____ è mio."

d "Di chi è _____ macchina fotografica sul tavolo?"
"_____ è di Franca."

e "Di chi sono _____ travellers cheques sulla credenza?"
"_____ sono miei."

f "Di chi è _____ spazzolino da denti?"
"_____? Non lo so."

8 Commenti

Check your conversational skills

Rebuild the following conversations matching each first half (**1–8**) with a suitable reply (**a–h**).

I "Come ha detto? Non ho sentito bene l'ultima parola."

2 "Senti, per la cena di domani, posso portare anche un mio amico?"

3 "Ma sei proprio sicuro che li possiamo mangiare? "

4 "A che ora inizia la cerimonia?"

5 "Non ti preoccupare per la macchina. Forse c'è un meccanico qui vicino."

6 "Secondo me questo conto è esagerato. Io non lo pago."

7 "Per favore, torniamo indietro: qui non c'è nessun ristorante. Abbiamo sbagliato strada!"

8 "E secondo te bisogna prenotare?"

a "Giusto! E non lo paghiamo neanche noi!"

b "Senz'altro. Non è assolutamente un problema. Siamo già in tanti!"

c "Va bene, allora ripeto: l'hotel è in Via Magellano."

d "Non lo so, dipende da quando arrivano gli invitati!"

e "Ma no, sono sicura che c'è; deve essere proprio lì in fondo!"

f "È vero. Ora che ci penso ho visto un garage laggiù, prima della curva."

g "Sì, se vogliamo essere sicuri di trovare un tavolo."

h "Ma certo. Ti dico che questi funghi sono perfettamente commestibili."

9 L'assistente

Talking about what someone is doing

I You are the personal assistant of a famous actor. Explain to journalists and fans why he cannot be disturbed. E.g.:

"Posso parlare direttamente con lui?"
(fare la sauna)
"Mi dispiace, ma sta facendo la sauna."

a "Possiamo intervistarlo?" *(recitare)*
"_____"

b "Posso disturbarlo?" *(meditare)*
"_____"

c "Posso vederlo?" *(riposare)*
"_____"

d "Posso richiamarlo tra dieci minuti?" *(uscire)*
"_____"

e "Posso avere un autografo?" *(vestirsi)*
"_____"

f "Possiamo fotografarlo?" *(prendere il sole)*
"_____"

2 Now make up excuses for yourself. How many can you think of?
"Posso parlarti un momento?"
"Mi dispiace, _____"

10 Riascolta un po'

Check your listening skills

Listen again to **Interaction 7** and answer these questions about the people involved.

a Che cosa stanno mangiando?

b Chi ha cucinato, un cuoco o una cuoca?

c Che cosa stanno bevendo?

11 In originale: Amiche rane!

Improve your reading skills

Look at the advert below and then answer the following questions:

a Qual è il prodotto pubblicizzato?

b Qual è l'ambiente ideale per le rane?

c Che cosa vogliono gli uomini nelle notti calde e umide?

d Quali qualità possiede il prodotto pubblicizzato?

MA UNA RANA COSA C'ENTRA?

Quando si parla di UMIDO la rana c'entra

Le rane, si sa, amano gli ambienti molto umidi: paludi, stagni ed acquitrini malsani le fanno gracidare di piacere tutta la notte.

Gli uomini no. Nelle notti calde ed umide sognano, invece, una casa fresca e ventilata. E senza una goccia di umidità.

Ma, a differenza delle rane, possono creare il clima che vogliono, dove vogliono.

Possono, infatti, scegliere un climatizzatore-deumidificatore della serie Westy:

potente, sicuro, programmabile e semplice da usare.

E garantito dal marchio White-Westinghouse.

A ciascuno il suo clima, amiche rane: a voi l'umido, a noi Westy.

W
I CLIMATIZZATORI amati dagli uomini ma odiati dalle rane.

12 Curiosità

*Talk about plans with **avere intenzione di …** and **pensare di …***

1 You want to know more about some of your friends' plans. What could you ask? E.g.:

Carlo sta uscendo di casa. *(andare)*
"Dove hai intenzione di andare?"
or:
Gianni sta andando a fare spese.
(comprare)
"Cosa hai intenzione di comprare?"

a Anna sta accendendo la televisione.
  (guardare)
  " _____ "

b Carlo sta preparando la cena. *(cucinare)*
  " _____ "

c Franco e Gino stanno pensando di cambiare macchina. *(comprare)*
  " _____ "

d Antonio e Cristina stanno organizzando le loro vacanze. *(andare)*
  " _____ "

e Laura sta pensando di emigrare. *(vivere)*
  " _____ "

2 Can you guess what the replies were? Follow the model and use your imagination!

"Dove hai intenzione di andare?"
"Penso di andare al cinema."

13 Chi ha paura di ... ?

Practise the use of fare paura

I Look at the grid in which four people have noted down their fears, and answer the questions following the example given.

0 = no   X = un po'   XX = molto

	David	Debora	Angela	Bruno
la solitudine	XX	0	X	X
i cani	0	0	XX	XX
i serpenti	X	XX	X	X
il buio	X	0	0	0
i fantasmi	0	X	0	X
i temporali	X	XX	X	0

"Cosa fa paura a David?"
"Gli fa molta paura la solitudine, gli fanno un po' paura i serpenti, il buio e i temporali."

a Che cosa fa paura a Debora?

b Che cosa fa paura a Angela e Bruno?

c Che cosa non fa paura a Angela?

2 Now talk about yourself: Che cosa Le fa paura?

14 Cosa hanno visitato?

Revise your vocabulary with a game

A friend went to see an ancient building. To find out what he saw, use the first letter of each word in the answers.

> **VOCABULARY**
>
> **pungere**   *to sting*

a È il tipico albero di Natale

b Uno strumento per vedere bene da lontano

c Serve per trovare il Nord

d L'animale che ha una regina e tante operaie

e Un piccolo insetto irritante che punge!

f La famiglia di animali che include le mosche

g Il verbo di chi perde la pazienza!

___ ___ ___ ___ ___ ___ ___

15 Just another one!

Using altro/i/a/e

Fill in the gaps with **altro/i/a/e** as appropriate and use **un/un'** when necessary. E.g.:

In un negozio:
Posso vedere *un altro* modello per favore?

I Al ristorante:

a Prendo _____ pizza ai funghi. Stasera ho proprio fame.

b Mi porta _____ po' di pane per favore?

c Mi può portare _____ forchetta per favore? Questa è sporca.

2 In pasticceria:

a E poi mi dà _____ due paste come questa per favore.

b Oggi un caffè non mi basta. Ne prendo _____!

3 In un negozio:

a Posso vedere lo stesso modello ma in _____ taglia?

b Non ha _____ colori?

16 Sapere o conoscere

Revise the difference in meaning and use between the two verbs

I How would you say you know the following?

a _____ la Sicilia.

b _____ chi è Giovanni.

c _____ un buon ristorante.

d _____ parlare l'italiano.

e _____ che tu lavori con Carlo.

f _____ Daniele.

g _____ dove trovare Marco.

2 Which forms of **sapere** would you use to complete the following two sentences?

a Lo _____, lo _____: non puoi venire al cinema perché hai da lavorare. Come sempre!

b Ma no. _____ che ti dico? Il cinema non è una brutta idea. Vengo con te!

17 In originale: Piccole passeggiate

Reading about walks in the countryside

1 You are spending your holidays in Val Rendena. Read the descriptions of the five walks suggested below. Can you guess the meaning of the following expressions? (You do not need to translate them word by word.)

a Giro di ...

b Il sentiero gira attorno a ...

c Il tempo medio di percorrenza è ...

d Al ritorno verso Campiglio ...

e Forte presenza di varietà floreali ...

2 Which walk would you recommend to:

a Un amico che adora le viste panoramiche

b Un appassionato di storia

c Un signore con la mania del giardinaggio

d Un gruppo di persone che sono a Campiglio e non hanno voglia di camminare molto

> **VOCABULARY**
>
> **rifugio**   mountain hut
> **Orti della Regina**   Queen's Gardens

1 Giro di Campiglio

È una passeggiata adatta a tutti, lunga circa 7 km. Il tempo medio di percorrenza è di 2 ore. Il sentiero gira attorno al centro di Campiglio e ne offre immagini nuove e suggestive.

2 Giro dell'Imperatrice e le Grotte di Carlo Magno

Partenza da Campiglio per questa passeggiata di media difficoltà, lunga circa 8 km; il tempo medio di percorrenza è di 3–5 ore. Particolarmente interessante, da un punto di vista storico, la Piazzola della Principessa Sissi (punto panoramico). Al ritorno verso Campiglio si passa vicino alle Grotte di Carlo Magno.

3 Giro dei 5 laghi

Suggestiva passeggiata panoramica tra bellissimi laghetti alpini. Lunga 13 km, il tempo di percorrenza media è tra le 4 e le 6 ore.

4 Giro Pradalago – Lago Malghette

La partenza di questa rilassante passeggiata è al rifugio Agostini. Da qui, un sentiero di 6 km ci porta al caratteristico lago delle Malghette. I tempi medi di percorrenza sono di circa 3–4 ore.

5 Gli Orti della Regina

Passeggiata interessante e suggestiva, lunga circa 10 km. Forte presenza di varietà floreali di antichissima origine (Orti della Regina), nella zona della Pietra Grande. La percorrenza media è tra le 2 e le 4 ore.

Pietra Grande mt. 2.987

Lago delle Malghette

Rifugio Stoppani

Madonna Di Campiglio

Lago Gelato

Lago Ritorto

La moda

1 Che or di?

Practise the use of che and di in comparisons

Complete the following sentences using **che** or **di** as appropriate.

a Questa giacca è la più costosa _____ tutto il negozio.

b Viaggiare in treno è più rilassante _____ in macchina.

c In questa casa ci sono più televisori _____ persone!

d Ho più esperienza _____ lui!

e Annalisa ha più creatività _____ esperienza.

f È meglio mandare un fax _____ telefonare.

g Costa più o meno _____ un milione?

h Marco ha più pazienza _____ Gino.

i Ho più fame _____ sete.

2 Secondo me ...

Report people's opinions as to what is better – or best!

Here is what some people think on different issues. Report their opinions using **Secondo** *(According to)*. You will also need to decide, in each case, whether to use the Italian equivalent of 'more' or 'the most' in reporting their preferences. E.g.:

Anna: **L'italiano è facile da imparare; l'inglese invece proprio no.**
Secondo Anna l'italiano è più facile da imparare dell'inglese.
or
Giacomo: **L'inverno mi piace, ma le altre stagioni no.**
Secondo Giacomo l'inverno è la stagione più bella (dell'anno.)

a *Antonella:* Tra le città italiane adoro Venezia, le altre mi piacciono meno.

b *Il Sig. Rossi:* La moda italiana è creativa, quella francese molto meno.

c *La Dottoressa Romani:* I cibi vegetariani sono utili per restare in forma, la carne no.

d *Carla:* Mi piacciono solo i diamanti; tutte le altre pietre preziose non sono belle.

e *Il Professor Micheli:* L'industria della moda è molto importante per l'economia italiana oggi, ma non quanto il turismo.

f *Maria:* Questo negozio di pelletteria è fantastico! Non ne ho mai visto un altro così!

3 Which suits you better?

Using 'that' and 'those' in comparisons

Each time you try something on in a shop you ask a friend for an opinion. Follow the example below:

il cappello *(marrone, blu)*
Quale mi sta meglio, quello marrone o quello blu?

a l'impermeabile *(beige, verde)*

_____

b gli occhiali da sole *(chiari, scuri)*

_____

c la cravatta *(a quadretti, a righe)*

_____

d gli orecchini *(rotondi, ovali)*

_____

e il rossetto *(rosa, rosso)*

_____

4 In originale: Prodotti regionali

Test your understanding of Italian advertising language

1 Look at the advert in the next column.

Quanti prodotti conosce tra quelli nella figura?

2 Now read the text of the advert and decide whether each of the following statements is true (**vero**) or false (**falso**):

Secondo la pubblicità: V F

a Il Trentino è la regione italiana che produce più prodotti tipici. ☐ ☐

b I prodotti della regione sono di qualità migliore di quelli di altre zone. ☐ ☐

c Per gli agricoltori del Trentino i consumatori sono più importanti dell'ambiente. ☐ ☐

d I Prodotti Garantiti Trentino sono più naturali di quelli non garantiti. ☐ ☐

5 Migliore, peggiore o ... ?

Practise irregular comparative adjectives and adverbs

Rewrite the following sentences substituting the underlined words with **migliore/i**, **peggiore/i**, **meglio** or **peggio**, as appropriate. E.g.:

"Questa vacanza è stata più bella di quella dell'anno passato."
"Questa vacanza è stata migliore di quella dell'anno passato."
or
"È più utile fare sport che guardarlo in televisione."
"È meglio fare sport che guardarlo in televisione."

In Trentino produciamo meno, ma produciamo meglio.

Solo dopo l'amorevole lavoro dei nostri agricoltori e dopo i continui controlli, i prodotti tipici della terra Trentina diventano Prodotti Garantiti. Coltivati nel rispetto di severe norme di autodisciplina, volute per raggiungere un nuovo e fondamentale equilibrio tra le esigenze del consumatore, quelle produttive e la salvaguardia ambientale, i prodotti marcati "Trentino" vi offrono il meglio di loro stessi.

Dal Trentino, Naturalmente

a "Il cibo è <u>più buono</u> in questo ristorante."

b "Questi pantaloni sono <u>i più brutti</u> che hai mai comprato!"

c "Secondo me è <u>più divertente</u> viaggiare in nave che in aereo."

d "Questi tortellini sono <u>più buoni</u> del solito."

e "Gli artigiani italiani sono <u>i più bravi</u>: lavorano <u>con più precisione</u>."

f "I tassisti conoscono le città <u>più accuratamente</u> di tutti."

g "Dobbiamo ancora risolvere il problema <u>più difficile</u>."

6 L'anno misterioso

Revise numbers and dates

1 Complete the sentences below inserting the right number in each one. Then read the solutions as a sequence and you will obtain a famous year.

a _____ lire sono un po' meno di cinquanta penny.

b Ogni _____ anni ci sono le Olimpiadi.

c Questa T-shirt ha solo il venti per _____ di cotone!

d Dopo gli anni ottanta ci sono gli anni _____

e Prendere una pasticca _____ volte al giorno: una la mattina e una la sera.

2 Perché è famoso quest'anno?

7 Have you got it?

Use ce lo, ce la, etc.

Different places but similar answers. Build up the interactions following the example:

Due amici davanti al cinema:
"*Ce li hai* i biglietti?"
"Sì, *ce li ho* in tasca."

a Marito e moglie al ristorante:
"_____ i soldi per pagare?"
"Certo, che _____!"

b Due amici in campeggio:
"_____ il sacco a pelo?"
"No, non _____."

c Cliente e commesso in un negozio di scarpe:
"_____ il numero più grande?"
"Vediamo, sì _____, eccolo."

d Organizzatore e ospite a una conferenza:
"_____ il programma?"
"Sì, grazie, _____."

e Due amici in palestra:
"_____ le scarpe da tennis?"
"Sì, _____."

f Finanziere e turista alla dogana:
"_____ il passaporto?"
"Sì, _____, eccolo."

8 Proverbi

Try your hand at something more colloquial!

Below are some Italian proverbs which have been split in two halves. Can you reassemble them? Have a guess at their meaning, as most of them have an English equivalent!

1 Meglio un uovo oggi
2 Andare di male
3 Meglio tardi
4 Meglio avere paura

5 Il peggio

a viene sempre dopo
b che buscarne
c in peggio
d che una gallina domani
e che mai

VOCABULARY

buscarne   to be beaten up
gallina   chicken

---

9 The house that Jack built ...

Practise the use of the relative che

Match the 2 parts of each question.

1 Come si chiama il dolce
2 Quanto hai pagato il cappello
3 Come si intitola il film
4 Come si chiama il ragazzo
5 Come si intitola il libro
6 Che taglia sono i jeans

a che hai visto?
b che hai letto?
c che hai accorciato?
d che ti ha telefonato?
e che hai fatto?
f che hai comprato da Coin?

10 Riascolta un po'

Test your conversational skills

Listen again to **Interaction 1**. Can you find Italian equivalents for the following phrases:

a Perhaps _____

b I believe _____

c Undoubtedly _____

d That is to say _____

e So much so that _____

11 E poi ... ?

*Practise questions using **che altro/chi altro***

Ask what happened next, following the examples:

"Ho invitato Cristina e Marta."
"E poi chi altro hai invitato?"

or

"Ho guardato il telegiornale, un film e un telefilm."
"E poi che altro hai guardato?"

a "Ho comprato un paio di orecchini e un anello."

b "Giorgio ha provato una giacca di lana."

c "Anna ha litigato con Ugo, con Maria e con Francesco."

d "I miei genitori hanno venduto l'appartamento al mare, e anche la casa in montagna!"

e "Ho telefonato ai carabinieri, alla polizia e ai vigili urbani!"

12 Bene, buono, bello o bravo?

Choose the right word to make an appreciative comment

Complete the following dialogues with the appropriate word chosen from **bene**, **buono**, **bravo** or **bello** (or a variation of the last three if you need a plural, a feminine, etc.)

a "Come mi sta questa gonna?"
"Ti sta abbastanza ____, ma mi piace più quella che hai provato prima."

b "Chi è più ____ a suonare il piano, Giuseppe o Antonio?"
"Non sono sicura: Giuseppe suona ____, ma Antonio ha più tecnica."

c "C'è un ____ film in TV questa sera, con degli attori molto ____. Lo guardiamo?"
"Va ____, ma domani sera andiamo fuori, anche se in TV c'è il più ____ film mai visto!"

d "Conosco un negozio dove vendono abiti molto ____ a prezzi veramente ____. Hai voglia di andarci?"
"Ma sì, mi sembra una ____ idea andare a fare spese; voglio farmi un ____ regalo!"

13 Cruciverba

Test your vocabulary

1 Si indossa d'estate in spiaggia.
2 È maleducazione (*bad manners*) tenerle in tasca.
3 È un gioiello e si porta al braccio.
4 Può essere economica, ma anche d'identità!
5 Si mettono sul letto e possono essere di seta.
6 Un metallo che deriva dal ferro.

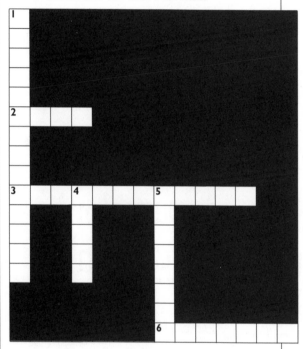

14 I contrari

Test your vocabulary – and your logic!

The sentences below do not make sense – unless you substitute the underlined words with their opposite:

a Devi allungare questi pantaloni, sono troppo <u>lunghi</u>.

b La radio non funziona perché le batterie sono <u>cariche</u>.

c Non si può mangiare in biblioteca: è <u>permesso</u>.

d Non c'è posto. È tutto <u>vuoto</u>.

e Il successo è essere al posto <u>sbagliato</u> al momento <u>sbagliato</u>.

f Devo stringere la gonna, è troppo <u>stretta</u>.

15 In originale: Consigli di moda

Use what you have learnt about the language of fashion and see how you cope with a longer text

1 Here is the advice given by two famous Italian designers to all those who want to look perfect on a fashionable evening. Read the tips given by each designer, then answer the questions below.

a For which period of the year is the advice specifically meant?

b There is one item of clothing both designers particularly recommend. Which one?

c There are two colours they are both partial to. Which ones?

d On which type of shoes do they disagree?

e They also disagree on a particular type of dress. Which one is it?

f They both like trousers, but do they recommend the same style?

VOCABULARY

sottoveste *slip, petticoat*
spacco *split (as in split skirt)*
abito perbene *respectable, classic dress*
doppiopetto *double breasted (jacket)*
tacchi alti tacchi a spillo *high heels (possibly stilettos)*
un asso nella manica *an ace up one's sleeve*
fa (comunque) allegria *(always) puts one in a good mood*
purché sia salvo il buongusto *as long as good taste is preserved*

2 E Lei, con chi è d'accordo?

16 Vuole lasciare la famiglia!

*Practise verbs followed by the prepositions **a** or **di** before an infinitive*

Read the following letter sent to an agony aunt and decide when/if to use **a** or **di**.

In e Out con Gianni Versace

Che cosa è "in" e che cosa è "out" in una serata di festa per Gianni Versace, l'altra grande "V" della moda italiana?

In

La sottoveste rossa
gli spacchi profondi
le trasparenze
i jeans neri
la camicia bianca

Out

Il papillon stretto
l'abito perbene
il doppiopetto conformista
i tacchi alti portati per forza
vestire da festa solo per Natale e Capodanno

Strettamente personale: Valentino consiglia

Vogliamo i pantaloni di chiffon

di ALESSANDRA ROTA

Saggio, fantasioso, elegante da quel Gran Maestro dello Stile che è, Valentino Garavani, primo degli stilisti italiani, dà qualche consiglio su come vestirsi per essere giusti in una notte di festa. **Qual è il jolly, l'abito per tutti gli inviti?** «L'abito di velluto nero; è un classico imbattibile, quasi un asso nella manica per la donna elegante. Non tramonta mai, anzi con gli anni acquista stile». **È il colore che va sempre bene?** «Secondo la tradizione italiana, per Natale un vestito rosso fa comunque allegria». **Dal guardaroba di Lui, ma perché lo indossi Lei, che cosa prenderebbe?** «Una bella camicia bianca, meglio se da smoking, magari con lo sparato inamidato».

C'è una regola per quanto riguarda le scarpe? Secondo il suo punto di vista che voti darebbe a chi si presenta con gli scarponi tipo militare al pranzo di Natale? «Tutto è permesso, purché sia salvo il buongusto. Nelle ultime collezioni ho presentato non gli scarponi, ma gli stivali lunghi accanto ai tacchi a spillo». **Capodanno in pantaloni, questa sembra la tendenza. Ma come, ma quali?** «La donna che mette i pantaloni per la sera, deve sceglierli di chiffon, eleganti come una vera gonna. È il movimento del tessuto, la leggerezza delle pieghe che li fa essere femminili».

Cara Angela,

sono una ragazza di diciannove anni e abito con i miei genitori. Non riesco più ____ vivere con loro, a causa di mio padre che è molto autoritario. Mi proibisce ____ andare in discoteca la domenica e non mi permette ____ usare la sua macchina. Io non lo capisco e comincio ____ essere stufa di questa situazione assurda. Ho deciso ____ scappare di casa ma mi dispiace ____ lasciare i miei amici. Tu cosa ne pensi? Spero ____ ricevere presto una tua risposta.

Mirella

VOCABULARY

a causa di *because of*

17 A bit of psychology!

Test your reading and comprehension skills

How do you behave with your partner?
Do the test and find out!

Che partner sei?

1   È il compleanno del tuo/della tua partner.
    gli regali: le regali:
    a un paio di calzini   a un paio di calze
    b una cravatta   b un profumo
    c un maglione   c un anello
    d un cappotto   d una pelliccia

2   La camicia nuova del tuo/della tua partner
    non ti piace. Gli/le dici:
    a Fa schifo!
    b Non mi piace molto
    c Non c'è male
    d È carina

3   L'animale che preferisci è:
    a il lupo
    b il cavallo
    c l'aquila
    c l'agnello

4   Il/la partner ti chiede di andare a vedere un
    film che non ti piace. Gli/le dici:
    a Non mi sento bene non posso venire
    b Mi dispiace ho già un impegno
    c Forse vengo ma non ti prometto niente
    d Vengo per farti compagnia

5   Il/la partner rompe un fanale (*light*) della tua
    macchina nuova. Gli/le dici:
    a Voglio i soldi per comprare un fanale
       nuovo!
    b Uffa! Non fai mai attenzione quando guidi
    c Che guaio!
    d Non è niente

6   Telefoni al/alla partner ma la linea è occupata.
    Pensi:
    a Accidenti, ma è sempre al telefono
    b Che sfortuna, è occupato
    c Occupato? Bene per oggi non gli/le
       telefono più
    d Riprovo più tardi

7   Il tuo strumento musicale preferito è:
    a la batteria   b la chitarra
    c il piano   d il sassofono

8   Secondo te in una città a misura d'uomo
    (*with a human face*) ci deve essere:
    a un municipio   b un parco
    c una prigione   d una biblioteca

Punteggi:

	1	2	3	4
a=	1	4	4	3
b=	2	3	2	4
c=	3	2	3	2
d=	4	1	1	1

	5	6	7	8
a=	4	3	4	3
b=	3	2	2	1
c=	2	4	1	4
d=	1	1	3	2

Da 8 a 15
Sei docile, comprensivo/a (*understanding*) e
protettivo/a. Secondo te litigare è assurdo e
preferisci risolvere i problemi parlando con
tranquillità. Sei il/la partner ideale!

Da 16 a 23
Sei abbastanza paziente anche se a volte un
po' aggressivo/a. Hai con il/la partner un
rapporto di parità. Rispetti le sue opinioni ma
se sono diverse dalle tue ti piace discutere.

Da 24 a 32
Sei molto aggressivo/a e autoritario/a. Sei felice
solo quando il/la partner ti dice:"Signor sì" (*Yes,
sir/madam*) e segue i tuoi consigli. Ti arrabbi se
il/la partner ha un'opinione diversa dalla tua.
Ma chi ti credi di essere?

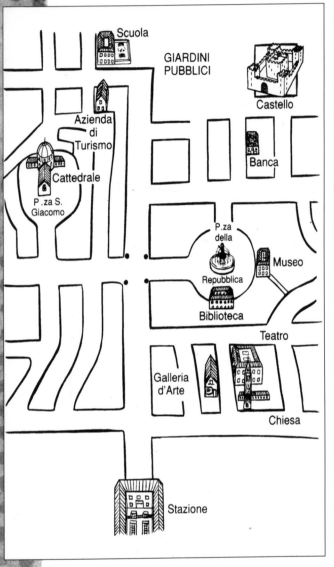

1 "Deve prendere la prima strada a destra, e poi la seconda a sinistra. È vicino alla chiesa."

2 "Deve andare sempre dritto fino in fondo a questa strada, poi deve girare a sinistra e continuare fino al primo incrocio. È lì a sinistra."

3 "Deve andare sempre dritto fino al semaforo. Poi deve girare a sinistra, e poi prendere la seconda a destra. È lì in fondo a Piazza S. Giacomo."

4 "Deve andare sempre dritto. Dopo il semaforo deve prendere la prima a destra e poi la seconda a sinistra."

2 Il pronome giusto

Using object pronouns, including **ne** *(Units 6–9)*

Choose from **lo, la, li, le** or **ne** to complete all the following sentences.

a Mi piacciono le ceramiche italiane. A casa _____ ho moltissime.

b Abbiamo trovato delle fragole, ma _____ abbiamo già mangiate tutte.

c Io prendo un bicchiere di vino, _____ vuoi uno anche tu?

d Questa giacca a vento è bellissima. Perché non _____ compri?

e Ho il terrore degli scorpioni: non _____ posso neanche guardare!

f Il risotto ai porcini è il mio piatto preferito: _____ prendo ogni volta che vengo in questo ristorante.

g Mi sono stufata di discutere questo problema, non _____ voglio parlare più!

1 Informazioni

Asking for directions (Unit 8)

You have just arrived in a small Italian town. At the station, you ask a *vigile urbano* how to get to various places. Below are his replies: looking at the map can you guess what the questions were? Look at the example:

"Deve andare sempre dritto, fino al semaforo, girare a destra e attraversare Piazza della Repubblica. È lì in fondo."
"Scusi, per il Museo Comunale come faccio?"

3 Al telefono

Making arrangements over the phone (Units 6–8)

Complete these telephone conversations as appropriate. Each gap may require one or more words.

1

"_____. Sono Giovanni; c'è Laura?"

"No, _____ , è fuori."

"_____ quando torna?"

"Verso le otto, penso."

"Va bene, allora _____ questa sera."

2

"Pronto, buonasera, _____ parlare con il Dottor Rossi?"

"_____"

"Ah, è Lei, Dottore! Sono Ricci. Telefono per un appuntamento. _____ domani?"

"_____. Può venire verso le 5.00 del pomeriggio?"

"Sì, alle cinque posso."

"Benissimo, allora ci _____ domani alle cinque. Arrivederci."

3

"Pronto, _____ Carla, c'è Pina?"

"_____, la chiamo." ...

"Pronto, _____?"

"Ciao Pina, sono Carla. _____ di venire a cena da me questa sera?"

"Mi dispiace, ma stasera ho _____."

"_____ peccato!"

4 Dates

Revising numbers (Unit 7)

1 Do some calculations to find out some significant dates. (NB: when asked to add or subtract one or more months go to the same day of the relevant month)

a Il ventidue aprile meno tre settimane.

b L'otto luglio, più un mese, più una settimana.

c Il venti gennaio, meno un mese, più cinque giorni.

d Il sette novembre, più due mesi, meno un giorno.

2 Can you say in Italian what is associated with these dates?

5 Le piace

Indirect pronouns and the verb **piacere** *(Units 6,8)*

Read the following interview and replace the mistakes with the appropriate indirect pronouns and, where needed, the correct forms of **piacere**.

"Scusi signora, gli posso fare qualche domanda?"

"Prego!"

"Sto facendo una ricerca di mercato per una agenzia di viaggi. Me può dire dove va di solito in vacanza?"

"Ma, dipende. Viaggio spesso con mio marito. Noi piacciono andare all'estero o anche in Italia, ma sempre in posti non troppo turistici."

"E la piace andare in hotel o preferite il campeggio?"

"Beh, mi piaccio molto il campeggio, ma a mio marito no. Lui piace la vita comoda e preferisce stare in albergo."

"Avete figli?"

"Sì, una figlia."

"E lei cosa piace fare?"

"Mia figlia ha diciotto anni, e va in vacanza con gli amici, anche se mio marito non è molto d'accordo, perché le piace le vacanze in famiglia!"

6 Asking questions

Using question words and prepositions (Unit 8)

Provide a suitable question for each of the sentences below, following the example:

"Penso alle vacanze." "A che cosa pensi/a?"

a "Lavoro per il signor Berlon."

"_____"

b "Parte dal binario 3."

"_____"

c "Gli orecchini sono di Lucia."

"_____"

d "Scrivo a Gianni."

"_____"

e "Parla con la ditta Pozzi."

"_____"

f "La mia macchina è rossa."

"_____"

7 Non ancora...

Double negatives (Unit 8)

Fill in the gaps in the mini-dialogues below with one of the negative expressions in the list. Each expression can be used only once.

non ... mai; non ... ancora;
non ... nessuno;
non ... niente; non ... neanche

For example:
"Hai già pagato la multa?"
"No, *non* l'ho *ancora* pagata."

a "Hai già telefonato a Carlo?"
"No, _____ gli ho _____ telefonato."

b "Chi hai visto ieri sera?"
"_____ ho visto _____"

c "Non ho visto questo film, e tu?"
"_____ l'ho visto _____ io."

d "Che cosa ti ha detto Giovanna?"
"_____ mi ha detto assolutamente _____."

e "Noi andiamo sempre in vacanza in Sicilia, e voi?"
"Noi _____ ci siamo _____ andati."

8 Acquisti

Revise the language of shopping (Units 5 and 10)

You are shopping in the centre of town. How would you do the following?

1 In a clothes shop:

a enquire about the price of the white shirt in the window.
b ask whether they have it in yellow.
c say you like it, it fits you nicely.
d say you will take the yellow one.

2 In a shoe shop:

a ask if you can try on a pair of black shoes in size 42.
b say they are a bit tight.
c ask for a bigger number.
d say you like them; but they are a bit too expensive.

3 To a friend who is wearing a new jacket:

a say how lovely it is
b ask where he/she bought it.
c ask how much he/she paid for it

9 Lettera all'architetto

Revising verbs (Units 7 and 9)

Read the following letter sent by a reader to the 'Architect's Corner' of an Italian magazine. Can you correct the mistakes?

Caro architetto;

<u>possedo</u> un mini-appartamento che sto ristrutturando. Il problema principale <u>c'è</u> lo spazio. L'appartamento ha un bagno; una cucina; un salotto e una camera; tutti molto piccoli. <u>Sto pensare</u> di unire camera e salotto in una stanza più grande. <u>Conosco</u> che oggi ci sono molti mobili moderni che <u>si può</u> usare per una stanza multiuso. Lei dice sempre che ci sono soluzioni per tutti i problemi di spazio: <u>c'è ne</u> una anche per me?
Grazie,

Luciana

Bagno	Cucina	Camera

Salotto

10 Di più, di meno

Comparing things (Unit 10)

Here are some opinions which can make sense only if you add a suitable comparative. Complete them; choosing from: **più**; **meno**; **migliore**; **peggiore**; **meglio**; **peggio**.

a "Secondo me, il caffè italiano è molto ____ forte di quello inglese. Non lo bevo tutte le mattine; ma devo dire che è il modo ____ per svegliarsi."

b "Oggi le donne dipendono ____ di una volta dagli uomini: il numero di quelle che lavorano è ____ alto, e molte di loro hanno posizioni di ____ grande responsabilità."

c "Gli stilisti di moda italiani sono tra i ____ famosi. I loro abiti sono tra i ____ belli, e tra quelli disegnati ____, ma sono anche tra i ____ economici!"

d "Io non sono bravo in cucina, ma mia madre è ____ di me! I suoi pranzi sono un disastro: è decisamente la ____ cuoca d'Italia!"

11 Being hospitable

*Using **Si accomodi, Accomodati, Accomodatevi** (Unit 10)*

Read the following conversations and decide which expressions the host will use:

a "Permesso?"
"Prego, prego. ____"
"Che bella casa!"
"Grazie, vi mostro subito la vostra stanza."

b "Disturbo?"
"Ma cosa dici! ____ pure."

c "Permesso?"
"Avanti, avanti. ____"
"Scusi se disturbo a quest'ora."
"Non disturba affatto."

12 Caro diario ...

Revising the past tense (Units 6 and 9)

Below is a page from Stefano's diary. Choose the correct form of all the verbs used in the text.

Caro diario,
    oggi **è stata/è stato** una giornata tragica!
Questa mattina **mi ho svegliato/mi sono svegliato** con un gran mal di testa, **ho preso/ho prenduto** due aspirine immediatamente, ma non **hanno funto/hanno funzionato**. Come tutti i sabati, **sono andato/ho andato** a giocare a tennis con Giacomo, ma, con quel mal di testa, **mi sono giocato/ho giocato** malissimo, e **ho perdito/ho perso** la partita!

Per consolarmi, Giacomo **mi ha offrito/mi ha offerto** qualcosa da bere; e il mal di testa **ha aumentato/è aumentato**! **Ho tornato/sono tornato** a casa in macchina; e **ho avuto/sono avuto** un incidente. Non **ho visto/ho vista** la curva, e **sono andato/ho andato** fuori strada. **Ho passato/sono passato** il resto della giornata in ospedale. Non **mi ha piaciuto/mi è piaciuto**, ma **mi ha passato/mi è passato** il mal di testa!

Answer key

UNIT 1

3 Buongiorno!
The appropriate greetings are, in order: Buonasera; Buongiorno; Buonanotte; Ciao; Arrivederci; Ciao.

4 Al bar
a per favore; va bene. **b** per favore; grazie; prego. **c** per favore; va bene; va bene.

6 Eat the right thing!
a la mela. **b** l'agnello. **c** l'aglio. **d** i fagioli. **e** le carote.

7 Odd man out!
a la bambina la ragazza **il bambino** la donna
b il cameriere il ragazzo **i figli** il bambino
c la patata la cipolla **le zucchine** la frutta
d **i piselli** l'agnello l'indirizzo l'amaro

8 Guessing game
a CUCINA. **b** GIARDINO.
c SALOTTO. **d** CAMERA

9 In originale: Emergency Call!
a Soccorso pubblico di emergenza: Uno Uno Tre.
b Telegrammi: Uno Otto Sei. **c** Energia Elettrica ENEL: Quattro Sette Zero Cinque Zero.
d You can ring any of the three numbers under Autoambulanze:
Croce Rossa Italiana: Due Otto Zero Zero Zero Nove.
Misericordia: Due Otto Zero Zero Due Otto.
Pubblica assistenza: Due Otto Zero Uno Uno Zero.
e Ferrovie dello Stato, Informaz. e biglietteria: Due Otto Zero Uno Uno Cinque.

10 Riascolta un po'
a double consonants: Trulli, Alberobello, Villaggio.
b gl: Puglia. **c** gn: Bologna, Romagna. **d** qu: questi, questo, qui.

11 In, a or di?
1 a I trulli di Alberobello sono in Sicilia? **b** L'Italia in Miniatura è a Roma? **c** La torre di Pisa è in Piemonte?
d Il Vesuvio è a Napoli, in Campania?
2 a No, l'Italia in Miniatura non è a Roma, è a Rimini.
b No, la torre di Pisa non è in Piemonte, è in Toscana.
c Sì, il Vesuvio è a Napoli, in Campania.

12 Diet works wonders!
un caffè; una banana; una bistecca; un pomodoro; una pera; una salsiccia; un finocchio; una mela.

13 Ecco el vino
a Ecco l'espresso. **b** Ecco il tè. **c** Ecco l'aranciata. **d** Ecco la pasta. **e** Ecco l'amaro. **f** Ecco la cioccolata calda.

14 Do you want one or two?
a Due biglietti, per favore. **b** Un poster, per favore.
c Una penna, per favore. **d** Una mappa di Milano, per favore. **e** Due cartoline, per favore.

15 Questo è ...
a questo. **b** questa. **c** queste. **d** questo. **e** questi.

16 Il verbo essere
siamo (sono) a casa; Marco e Gianni sono; Roberto è; io e la signora Merlo siamo; la cena non è.

17 No and Non
a No. **b** Non. **c** No. **d** Non. **e** No. **f** non.

18 A postcard from Italy!
Il posto è meraviglioso. La città è antica e monumenti sono belli. L'hotel è moderno, il cibo è buono e le persone sono meravigliose. (NB: *Buono* is used for food, never for towns or cities.)

UNIT 2

1 La ricetta
1 Bruschetta con pomodoro (per una persona)
Una fetta di pane abbrustolita; un pomodoro a pezzi; una foglia di basilico; un cucchiaio di olio extra vergine di oliva; sale e pepe; mangiare calda con un'insalata verde.
2 Bruschette con pomodoro (per due persone)
Due fette di pane abbrustolite; due pomodori a pezzi; due foglie di basilico; due cucchiai di olio extra vergine di oliva; sale e pepe; mangiare calde con un'insalata verde.

2 Colours
a giallo. **b** rosso. **c** nero. **d** bianco. **e** azzurro.

3 Hidden word
1 ristorante (R). **2** antipasto (A). **3** famiglia (F).
4 fratello (F). **5** arancione (A). **6** Emilia (E). **7** latte (L).
8 lavora (L). **9** olio (O). Painter: Raffaello.

4 La mappa
a Sì, c'è la Bottega del Gelato. È in Lungo Lago Cesare Battisti. **b** Sì, c'è il Caffè Italia. È in Piazza Malvezzi.
c Sì, c'è la Boutique Rosy. È in Via G.A. Papa. **d** Sì, c'è il Break Pub. È in Vicolo Pietro Signori. **e** Sì, c'è il Fotostudio Azzurro. È in Via Garibaldi.

5 Where is it?
1 a Dov'è la bottiglia? **b** Dov'è l'uva? **c** Dov'è il pepe?
d Dove sono le fragole? **e** Dove sono le forchette?
2 In cucina.

6 The guest list
a 1 sua. **2** suo. **3** la sua. **4** il suo. **5** suo.
b 2 Questo è mio figlio Marco. **3** Questa è la mia amica Giulia. **4** Questo è il mio fidanzato Antonio. **5** Questo è mio fratello Massimo.

7 La cena
a C'è tutto; è tutto là; dove sono; è in frigorifero; Ci sono bevande; C'è l'aranciata; cosa c'è; l'antipasto è; ci sono le tagliatelle; c'è l'agnello; C'è / è un problema; sono vegetariani; Ci sono mozzarella e pomodori.

b Chi è; Si chiama/è Luciana; abita a Verona; lavora in ufficio; come si chiama; Lavora in banca; studia all'università; è un ragazzo; legge libri; cosa studia.

8 Matching

1d. 2c. 3e. 4b. 5g. 6f. 7a. 8h.

9 Wordsearch!

fragole, albicocche, uva, pesche, banane, mele, limone.

10 Habits!

b Fiorenza non ascolta musica jazz, guarda la TV, qualche volta prepara la cena, qualche volta mangia carne, non beve birra e qualche volta lava i piatti. **Gianni e Carla** qualche volta ascoltano musica jazz, non guardano la TV, preparano la cena, non mangiano carne, qualche volta bevono birra e lavano i piatti.

11 Il menu

Antipasti: Crostini toscani; prosciutto e melone; bruschetta con pomodoro e basilico. **Primi:** Minestrone di verdura; tortellini alla panna; risotto con funghi; spaghetti alla carbonara; lasagne verdi. **Secondi:** Bistecca di manzo con patate; pollo con peperoni; pesce arrosto con insalata verde; vitello al limone con spinaci. **Dolci:** Pesche al vino Chianti; zuppa inglese; gelati misti; torta casalinga.

12 What do they usually do?

1 a Che cosa bevete di solito? **b** Che cosa ascolti di solito? **c** Che cosa portate di solito? **d** Che cosa legge Giuliana di solito? **e** Che cosa guardate di solito?

13 Riascolta un po'

a Vero. **b** Falso: La signora non si chiama Marina, si chiama Maria. **c** Falso: La signora non è la mamma del ragazzo, è la maestra. **d** Falso: Il ragazzo beve vino con l'acqua. **e** Vero.

14 Come si chiama?

a come si chiamano? **b** mi chiamo. **c** si chiama. **d** Lei, come si chiama?

15 Opposites

a Un pasto caldo. **b** Una casa nuova. **c** Un cappello piccolo. **d** Una persona antipatica. **e** Un lavoro difficile.

16 Cena al ristorante

These are only some of the possible answers: **a** Nella foto ci sono un uomo, un donna e una bambina. **b** Le tre persone sono al ristorante. **c** Il ristorante si chiama Ciao. **d** La donna porta una camicia e i pantaloni. Anche l'uomo porta una camicia e i pantaloni. E la bambina porta una camicia e un vestito. **e** L'uomo mangia gli spaghetti e le patate. La bambina mangia la pasta. E la donna mangia l'insalata, la frutta e la torta. **f** Bevono acqua e aranciata, probabilmente. **g** Dipende!

UNIT 3

1 Dettagli personali

Buongiorno, io mi chiamo Giorgio./Piacere, io mi chiamo *(nome)*./Non è di Milano, vero?/No, sono di *(città)*, in *(nazione)*./È molto giovane, quanti anni ha?/*(Numero)* anni, e Lei?/45. Lei lavora o studia?/*Lavoro/Studio*./Anch'io. E ha famiglia?/*Sì, sono sposato/a – No, non sono sposato/a*./Ecco mia moglie, arrivederci./ Arrivederci.

2 Presentazioni:

a Questa è Susan. È inglese, di Nottingham. Ha 43 anni e è dottoressa. **b** Queste sono Fiona e la sua sorella gemella Sarah. Sono scozzesi, di Glasgow. Hanno 28 anni e sono commesse. **c** Questi sono Lucia e suo marito Giorgio. Sono italiani, di Firenze. Lucia ha 32 anni e è maestra. Giorgio ha 30 anni e è ingegnere.

3 Informal or formal?

1 a Le. **b** ti. **c** Le. **d** ti. **e** ti. **f** Le. **b** Ci sono otto persone.

4 La parola giusta

a spuntino. **b** amica. **c** zio. **d** latte. **e** aranciata.

5 Riascolta un po'

a quindici; cento; sei; quattro; due. **b** giochi; gioca; esiste; avete.

6 Da quanto tempo?

1 Marco abita a Roma da dieci anni, lavora in banca da cinque anni, gioca a calcio da quattro anni, studia l'inglese da un anno, è fidanzato da due mesi e è in vacanza da ieri/un giorno.
2 Da quanto tempo lavori in banca? Da quanto tempo giochi a calcio? Da quanto tempo studi l'inglese? Da quanto tempo sei fidanzato? Da quanto tempo sei in vacanza?

7 Dare i numeri

1 a Quanti. **b** Quanti. **c** Quante. **d** Quante. **e** Quanti. **f** Quante.
2 a 11. **b** 2. **c** 20. **d** 6. **e** 4. **f** 13.

8 Usi e costumi dell'italiano medio

NB: We asked a group of Italians and these were the average results!
1 a Quanto/i: tre. **b** Quante: cinque. **c** Quanta: cento gr. **d** Quanti: due. **e** Quanti: uno. **f** Quanta: cinquanta gr.
3 a bevi. **b** passi. **c** mangi. **d** bevi. **e** leggi. **f** mangi.

9 Gli sport

a Il nuoto. **b** Il ciclismo. **c** Il calcio. **d** Lo sci. **e** Il tennis.

10 Passatempi

a Anche tu prendi un aperitivo, vero? No, preferisco prendere una birra. **b** Anche Lei passa le vacanze in Francia, vero? No, preferisco passare le vacanze in Italia. **c** Neanche loro ascoltano la musica classica, vero? No, preferiscono ascoltare il jazz. **d** Neanche voi mangiate al ristorante dell'hotel, vero? No, preferiamo mangiare in pizzeria.

11 On TV

a RAI 1: Calcio: Coppa delle Coppe, Ajax-Malines. **b** RAI 3: Buddy Buddy, film con Walter Matthau, Jack Lemmon. **c** RAI 1: Notte rock. **d** Retequattro: C'est la vie, gioco a quiz e 18,45 Gioco delle coppie, quiz. **e** RAI 1: Basket: playoff. RAI 2: TG2 – Sportsera e Atletica leggera.

12 A skiing trip

1 a scarponi; occhiali da sole; sci. **b** racchette da sci. **c** giacca da sci. **d** berretto di lana.
2 The pass is valid for one day.

13 Amici italiani

a i suoi genitori ; le sue due sorelle; sua madre; suo padre; il suo ragazzo; la sua famiglia.

b suo nonno; sua nonna; le sue sorelle; i suoi genitori; la sua ragazza.

14 Hobbies

1 a i vostri passatempi; il nostro sport; i nostri cavalli; il nostro tempo libero. **b** la nostra passione; i nostri colleghi. **2** il loro hobby preferito; le loro biciclette; i loro caschi; la loro tenda.

15 Perché?

1b. 2e. 3f. 4a. 5d. 6c.

16 Esclamazioni!

a Che bella macchina! **b** Che bel cappello! **c** Che bell'hobby! **d** Che belle scarpe! **e** Che bei libri (d'arte)! **f** Che bello sport!

17 Le nostre vacanze

1 Ci abbronziamo, ci teniamo in forma, ci rilassiamo.

2 a Si allenano, si riposano, si divertono. **b** Si abbronzano, si tengono in forma, si rilassano.

UNIT 4

1 In originale

a A train. **b** Milan main railway station (*Milano C.le*). **c** on 12th December 1993. **d** From Milan to Florence. **e** 22,000 lira. **f** For two days: the day it was bought and the following one.

2 In gita a …

a ritorno. **b** informatica. **c** martedì. **d** isole. **e** nove. **f** inverno. The resort is **Rimini.**

3 Questions and answers

1f. 2d. 3a. 4e. 5c. 6b.

4 La parola giusta

a ora. **b** anticipo. **c** orario. **d** ritardo. **e** sera. **f** volta. (NB: in tempo *in time*; in orario *on time*.)

5 A typical day

Com'è la vita; È piacevole; apro il negozio; arrivano le miei collaboratrici; cominciano ad arrivare; hanno tutte un appuntamento; non lavoriamo per appuntamento; le persone vengono; aspettano il loro turno; Sono clienti abituali; facciamo anche quattro chiacchiere; è vero; è spesso un'occasione; non credo; parliamo dei figli; facciamo due risate; parliamo un po'; è tutto senza cattiveria.

6 Riascolta un po'

a Silvia lavora a Bologna da tre anni. **b** Fa la pendolare da cinque anni. **c** Lavora nel campo dell'informatica. **d** Esce di casa alle sette e mezza (di mattina). **e** Rientra in casa alle sei e mezza (di sera).

7 People and their lives

a Quante volte alla settimana viene/deve venire a Milano? **b** A che ora si alza (la mattina)? **c** Come va al lavoro/ in ufficio? Come va da casa al lavoro? **d** Che lavoro fa? Dove lavora? **e** Deve fare il biglietto tutte le mattine? **f** Viene spesso qui a fare colazione?/Viene tutti i giorni qui a fare colazione?

8 Molto interessante!

molto interessante; molto stressante; viaggio molto; molti paesi; molte persone; molto lavoro; molte ore; molto flessibile; molta pazienza.

9 Give your opinion

a divertente/bello; affollati; libero. **b** divertente/bello; noioso; stesso. **c** ripetitiva; monotona (monotona; ripetitiva).

10 Going on holiday?

1 1e. 2c. 3a. 4b. 5d. **2** Sunday.

11 Itinerari turistici

1 a Devi prendere l'intercity per Torino alle sei e cinque. Poi, a Milano, devi cambiare e prendere il diretto delle nove e trenta/mezza. Arrivi a Imperia alle tredici e quarantacinque. **b** Dovete prendere l'espresso/il diretto per Torino alle dodici e quaranta. Poi, a Milano, dovete cambiare e prendere l'intercity delle diciassette e cinque. Arrivate a Genova alle diciotto e quarantadue. **c** Devi prendere l'intercity per Milano alle otto e venticinque. Poi, a Milano, devi cambiare e prendere il diretto delle dodici e cinque. Arrivi a S. Remo alle sedici e ventidue. **d** Dovete prendere il diretto per Milano delle venti e trentacinque. Poi, a Milano, dovete cambiare e prendere il diretto di mezzanotte e un quarto/quindici. Arrivate a Torino all'una e cinquantasette.

2 Deve prendere l'intercity per Torino delle undici e quarantacinque. Poi, a Novara, deve cambiare e prendere l'espresso/il diretto delle diciassette e uno. Arriva a Vercelli alle diciassette e quattordici.

12 Professionisti

a faccio il produttore; sono anche attore. **b** sono architetto; sono direttore. **c** siamo gli insegnanti; lei è professoressa; sono maestro. **d** mi occupo di sport; sono un giornalista sportivo. **e** fa l'autista; è proprietario.

13 Are you going?

a No, non vengo perché vado in piscina. **b** No, non veniamo perché andiamo in trattoria. **c** No, non vengo perché vado al bar. **d** No, non vengono perché vanno a Parigi.

14 Diario

1 *Ore 8.00:* appuntamento alla stazione di Bologna. Intervista con i pendolari./*Ore 10.00:* Incontro con gli insegnanti di una scuola media./*Ore 12.30:* Pranzo al ristorante Da Gino./*Ore 15.00:* Visita al museo locale./*Ore 17.35:* Treno per Ferrara. Parlare con i passeggeri./*Ore 20.00:* Cena al ristorante dell' albergo.

2 *Ore 9.00:* Un po' di sport: corsa nel parco con Silvia. /*Ore 11.00:* In centro: fare spese./*Ore 13.15:* Pranzo con Silvia e Gianni al Bar Giuseppe (vicino al teatro)./*Ore 21.00:* Appuntamento al cinema Odeon in Via Guido Monaco.

15 La lettera

1 … anche **se** devo lavorare … **2** Mi **alzo** presto … **3** … **alle** cinque … **4** … fa **bel** tempo. **5** … non **è** troppo caldo. **6** … i **ristoranti** … **7** … ho già molti **amici** … **8** … a volte **andiamo** fuori … **9** … e faccio **la** turista! **10** E tu come **stai**?

UNIT 5

I Chi lo vende?
I If. 2g. 3a. 4c. 5b. 6d. 7e.
2 Prima vado in panetteria, poi vado dal fruttivendolo, poi in pasticceria, poi dal tabaccaio, poi in erboristeria, poi all'alimentare e poi in farmacia.

2 Odd place out
I a tabaccheria. **b** biblioteca. **c** pasticceria. **d** cartoleria. **e** farmacia.
2 La biblioteca non è un negozio.

3 Un po' di tutto
I Verdura: peperoni, spinaci, insalata. **Frutta:** mele, aranci, uva. **Carne:** prosciutto, salsicce, bistecche. **Pasta:** tortellini, spaghetti, lasagne. **Bevande:** vino, aranciata, spumante. **Formaggi:** mozzarella, parmigiano, gorgonzola.
2 del: vino, prosciutto, parmigiano, gorgonzola. **delle:** mele, salsicce, bistecche, lasagne. **degli:** aranci, spinaci, spaghetti. **della:** mozzarella. **dello:** spumante. **dei:** peperoni, tortellini. **dell':** aranciata, insalata, uva.

4 Acquisti
I "Buongiorno, mi dà un rullino di fotografie, per favore."/"Certo. Abbiamo questo da 24 foto o questo da 36."/"Mi può dire quanto costano?"/"Questo costa 4.500 lire, e questo 6.500."/"Prendo il rullino da 24, grazie."/"Grazie a Lei, arrivederci."
2 "Buongiorno, mi dà una maglietta da tennis, per favore."/"Certo. Abbiamo questa in cotone o questa in acrilico."/"Mi può dire quanto costano?"/"Questa costa 25.000 lire e questa 18.000."/"Prendo la maglietta da...., grazie."/"Grazie a Lei, arrivederci."

5 Non posso
a Non posso, sono allergico/a. **b** Non può, sta male. **c** Non possono, sono stanchi/e. **d** Non possiamo, siamo occupati/e. **e** Non posso, non ho l'indirizzo.

6 Who needs what?
I Abbiamo bisogno degli autobus se vogliamo usare meno la macchina. **2** Ha bisogno dei soldi se vuole fare acquisti. **3** Hai bisogno delle chiavi se vuoi aprire il negozio. **4** Hanno bisogno del computer se vogliono consultare la banca dati. **5** Ho bisogno della pianta della città se voglio visitare i centro storico. **6** Avete bisogno del telefono se volete chiamare un taxi.

7 All you need
a Bisogna. **b** Bisogna. **c** Hai bisogno di. **d** Hai bisogno di. **e** Bisogna. **f** Hai bisogno di.

8 In originale: In giro per Venezia
a dalle 9.00 alle 16.00 nei giorni feriali, dalle 9.00 alle 13.00 nei giorni festivi. **b** L 8000 intero, L 4000 ridotto. **c** alla Collezione Peggy Guggenheim. **d** nei giorni festivi. **e** è gratuito. **f** L 29.000.

9 Cosa c'è in città?
a Ci sono molti buoni hotel. **b** Ci sono numerosi teatri. **c** Ci sono moltissimi buoni bar. **d** Ci sono due università. **e** Ci sono due basiliche. **f** Ci sono tre musei. **g** Ci sono vari programmi di visite per i turisti.

10 Eavesdropping
a alle 7; all'aereoporto. **b** ai giardini. **c** allo stadio. **d** all'università. **e** alla manifestazione. **f** al semaforo.

11 Make the right choice!
a del. **b** in; in. **c** a; di. **d** dalle; all'. **e** in; allo. **f** ai. **g** a; con. **h** dal; in.

12 Riascolta un po'
a Beh. **b** In genere. **c** io credo. **d** eccetera.

13 What's the right reply?
I c. **2a.** 3d. 4b.

14 Making sense
a più. **b** meno. **c** meno; più. **d** meno.

15 In un negozio
I a la camicia. **b** la gonna. **c** il cappotto. **d** le scarpe. **e** i pantaloni. **f** il vestito.
2 a Scusi, la posso provare? **b** la. **c** lo. **d** le. **e** li. **f** lo.

16 Odd man out
a dà. **b** dico. **c** diamo. **d** dice.

17 Che stress!
la gente oggi è stressata; la gente ha sempre fretta; le persone che lavoravano; la gente ha poco tempo; ci sono le persone che; le persone che non resistono; la gente non resiste.

18 In originale: La cura dei capelli
a falso. **b** vero. **c** vero. **d** falso.

19 In originale: Il treno verde
a Legambiente è un'associazione di cittadini che considerano l'ambiente un bene da difendere. È un'associazione ambientalista. **b** Cerca dati sull'inquinamento urbano (in città), marino (del mare) e dei fiumi. **c** Il treno verde si occupa dell'inquinamento urbano. **d** Sì, può essere un socio giovane. **e** Essere socio ordinario costa minimo 30.000 lire. **f** Sì, si deve telefonare al numero 06/8841552. **g** È una rivista mensile.

REVISION: UNITS 1–5

I Dove vai?
I a un supermercato; **b** un'edicola; **c** uno stadio; **d** una stazione (ferroviaria)

2 a lo stadio	**b** la stazione	**c** il supermercato	**d** l'edicola
lo sport	i biglietti	l'acqua minerale	i francobolli
il calcio	il treno	le pesche	i giornali
la partita	l' orario	gli spinaci	le cartoline

2 La mia città
è molto grande; è una tipica cittadina; ci sono circa 30.000; c'è una parte antica; c'è una torre; ci sono giardini; è possibile; ci sono molti turisti; è sempre; è anche.

3 La foto di famiglia
mio padre; mia madre; i miei zii; le loro mogli; le mie cugine; i loro fidanzati; mia sorella; sua figlia; suo marito; la mia fidanzata

4 L'invito

Rossana e Franco
annunciano il loro matrimonio
<u>sabato</u> 30 luglio 1994, <u>alle</u> 12 e 30, nella Chiesa di San Pio X, in
Piazzetta Venezia, <u>a</u> Gubbio.

Dopo <u>la</u> cerimonia sono lieti di invitarvi per il pranzo <u>al</u>
Ristorante Gatto d'Oro, <u>vicino al</u> Castello di Monte Berico, a
cinque km <u>dalla</u> città.

5 Come viaggia?

Marco: dal lunedì; al venerdì; in ufficio; in macchina; in
bicicletta; di esercizio; a cavallo; allo stadio.
Giacomo: a piedi; da casa; alla fermata; dell'autobus; all'
ufficio; nel tempo; con la mia famiglia; a trovare; ai giardini.

6 Wordsearch

bicicletta; metropolitana; macchina; gondola; treno;
autobus; aereo, pullman.

7 What is their job?

a segretaria; **b** commessa; **c** giornalista; **d** postino;
e avvocato; **f** tassista.

8 Al mercato

a delle uova; del mascarpone *(soft cream cheese)*; dello
zucchero; dei biscotti; della cioccolata; del caffè; del cognac.
b dell'uva; delle pesche; degli aranci; delle fragole; dei
lamponi; delle pere; dei limoni.

9 A che ora inizia?

a inizia; inizia alle dieci e un quarto/dieci e
quindici/ventidue e quindici; finisce; finisce a mezzanotte.
b apre; apre alle nove e mezzo/e mezza/e trenta; chiude;
chiude all'una/alle tredici; apre.

10 Informazioni

1 a C'è una banca qui vicino? **b** A che ora aprono le
banche? **c** Dove è la stazione?
2 a Quanto costa un biglietto per Roma? **b** Quando/A
che ora parte il treno per Roma? **c** Devo cambiare?
3 a Come si chiama? **b** Che lavoro fa?/ Quale è il Suo
lavoro? **c** Da quanto tempo abita/vive a Firenze?

11 Festa di compleanno

a non posso venire. **b** possiamo venire; non possono.
c non può. **d** Posso *or* puoi invitare.

12 Opinioni sulla TV

a offrono; guardo; preferisco; ci troviamo; rimaniamo;
andiamo; capisce; voglio; dorme. **b** mi rilasso; mi metto;
sto; guardo; devo; ho; faccio; usciamo; giochiamo.

13 In originale: Che tempo fa?

1 a falso; **b** vero; **c** vero; **d** falso; **e** falso; **f** vero; **g** falso.
2 a Oggi in Italia non fa bel tempo, fa brutto tempo/è
variabile o nuvoloso. **d** Nel nord il tempo non è sereno, è
variabile. **e** Nella zona delle Alpi non nevica, il tempo è
variabile. **g** In Toscana non c'è il sole, è nuvoloso/ci sono
le nuvole.

UNIT 6

1 Che cosa vuoi fare da grande?

1 a l'attrice. **b** lo scrittore. **c** l'artista/la pittrice.
d il musicista o il cantante/il cantautore. **e** il regista.

2 What do you like?

a quale. **b** quali. **c** quale. **d** quali. **e** quali. **f** quale.

3 Quiz about Italy

a quali: verde, bianco, rosso. **b** quali: Torino, Genova e
Milano. **c** qual: 010-39. **d** quali: il Mar Ligure, il Mar
Tirreno, il Mar Mediterraneo, il Mar Ionio e il Mar
Adriatico. **e** qual: Rigoletto. **f** qual: Alitalia.

4 Riascolta un po'

a ... frequento il settimo anno ... **b** ... stiamo facendo una
sinfonia ... **c** ...La prima musica che ho suonato...

5 Andiamo al cinema

1 Caro Diario: La malattia; L'Italia; la sua televisione; le
isole; il suo più vecchio amico; la passione; lo stupido
mondo; il suo orrore; la sua vera malattia; la crisi; il regista;
Tango: i tanti tradimenti; Il film; gli uomini; Il titolo; il
tango.
2 Insonnia d'amore: una ragazza; una transmissione; una
radio locale; una psicologa; un bambino; uno strano
desiderio; un'altra moglie.

6 Le or La?

a La. **b** La. **c** Le. **d** Le. **e** La. **f** Le.

7 Odd man out

a la televisione. **b** il programma. **c** lo spettacolo.
d la radio.

8 When can we meet?

a Sì, martedì posso. **b** Mercoledì non posso. Ma possiamo
pranzare insieme giovedì. **c** Sì, giovedì sera posso.
d Venerdì pomeriggio non posso. Ma possiamo fare una
partita a tennis sabato pomeriggio. **e** Sabato mattina non
posso. Ma possiamo andare a fare spese sabato pomeriggio.
f Sì, domenica sera posso.

9 Pronto, chi parla?

1 B Buonasera, sono Cristina./**B** No, (sono) l'amica di
Grazia./**B** Sì, per piacere/favore. È in casa/c'è?/**B** Da
quanto (tempo) sono uscite?/Quando sono uscite?/A che
ora sono uscite?/**B** (Mi sa dire) quando tornano?/**B** Sì, può
dire a Grazia/le può dire che la richiamo questa sera?/
B Verso le otto/ Alle otto./**B** La ringrazio/Grazie.
Arrivederci.
2 Il padre di Grazia. **3** You should have used **Lei**.

10 Tastes!

1 a Le piacciono i cantautori e i libri gialli, le piace il
teatro. **b** Non gli piace il jazz, non gli piacciono i
cantautori e i film western, e non gli piace il teatro.
c Gli piacciono i cantautori e i film western, gli piace il
teatro. *or:* A loro piacciono i cantautori e i film western, a
loro piace il teatro. **d** Non gli piace il jazz. *or:* A loro non
piace il jazz.

11 Posso dare una mano?

a ti. **b** ci. **c** le. **d** mi. **e** gli.

12 A che ora?

a alle cinque. **b** verso le otto. **c** fra le due e le tre.
d nel pomeriggio. **e** ieri.

13 I'll do it ... tomorrow!

a le telefono domani. **b** la faccio domani. **c** le compro
domani. **d** li faccio dopo. **e** gli scrivo dopo. **f** lo leggo
dopo. **g** gli parlo dopo/parlo loro dopo.

14 Have you ever ... ?

1 Ha mai mangiato il panettone? **2** Ha mai bevuto la
grappa? **3** Ha mai letto la Divina Commedia?
4 Ha mai visitato il Colosseo? **5** Ha mai guidato la Ferrari?
2 Numero di Sì: Da zero a due: Lei ha bisogno di
un'esperienza italiana! **Tre o quattro:** L'Italia ha ancora
qualche segreto per Lei! **Cinque:** Complimenti! Ma
quando ha guidato la Ferrari?

15 In originale: dove sono stati?

a Marina e Carla sono andate/state al ristorante. **b** Luigi è
andato al cinema. **c** Emanuela e Luca sono andati a
ballare/in discoteca. **d** Il Sig. Rossi è andato dal dentista.
e Lucia è andata al museo.

16 In originale: Il profilo

è nato; è andato; ha studiato; ha vinto; ha partecipato;
è arrivato; ha fatto; ha avuto; ha sposato; è finito.

17 In originale: Cantautori

a *Il bandito e il campione*, by Francesco De Gregori was
recorded live during a series of concerts given in various
places throughout Italy. **b** The record is *NUDO*, by
Francesco Baccini. He has also published a book by the
same title. **c** De Gregori's record contains *Vita spericolata*,
by Vasco Rossi, and *Sfiorisci bel fiore*, by Enzo Jannacci. The
song *Il bandito e il campione* was written by Luigi Grechi.
d The song, *Rifacciamo il muro di Berlino* by Baccini, is
meant to be provocative. It was born out of the idea of
what Baccini's father, who spent two years in Mauthausen,
might think of neo-fascists. **e** They were childhood
friends. One grew up to become a famous cyclist, the
other a bandit.

UNIT 7 KEY

1 In originale: La carta telefonica

1 a Costa diecimila lire. **b** No, perché è valida solo fino al
31 dicembre 1992.
2 a Costa di più la mattina dalle otto e trenta all'una, dal
lunedì al venerdì. **b** Costa di meno tutte le notti, dalle dieci
di sera alle otto del mattino.

2 ... e questo è per te!

a Per me? **b** Con noi? **c** da lui. **d** A loro. **e** A te, a lui.
f di lei.

3 Al telefono

1 "Pronto, chi parla?"/"Sono Giorgio, c'è Renato?"/"Sì,
un momento."/"Grazie."
2 "Pronto buongiorno, è in ufficio il Ragionier
Galli?"/"No, chi lo desidera?"/"Sono il Dottor
Vannini."/"Mi dispiace, il Ragioniere è fuori tutto il
giorno."

3 "Pronto, ciao Carla, sono Laura, c'è tuo padre per
caso?"/"No, è uscito dieci minuti fa."/"Sai quando
torna?"/"All'ora di pranzo, credo."
4 "Pronto, è lo studio dentistico?"/"Come ha detto,
scusi?"/"Cerco il Dott. Gazzini, il dentista."/"Mi dispiace,
ha fatto un altro numero: questa è la stazione."

4 In originale: UNICA

1 a A new type of key called Unica. **b** One key is enough
for all sorts of locks. **c** You only need to change the key,
not the locks.
2 a Porta retro. **b** Cassaforte. **c** Box auto. **d** Armadietto
ufficio. **e** Serratura.

5 I'd rather ...

a Preferisco telefonargli. **b** È meglio spiegargle.
c è meglio aspettarli/le. **d** preferisco allenarmi.
e per venderla. **f** basta studiarlo.

6 Ci

1 a Reflexive (each other). **b** Indirect object. **c** Pleonastic.
d There. **e** Direct object. **f** Reflexive (ourselves).
2 b No, ci ha scritto tua sorella. **c** No, ce l'hai tu.
d No, ci sono andato solo io. **e** No, sta guardando il
panorama. **f** Sì, vi potete lavare le mani in bagno.

7 Ci sei stato?

a Anch'io ci sono andato/a un mese fa. **b** Anch'io ci sono
stato/a una volta sola. **c** Anch'io ci sono stato/a fine
dicembre. **d** Neanch'io ci sono ancora stato/a quest'anno.
e Anch'io ci sono passato/a ieri sera. **f** Anch'io ci sono
andato/a la settimana passata. **g** Neanch'io ci sono mai
andato/a.

8 Riascolta un po'

1 a Perché non facciamo una gita? **b** Perché non facciamo
un giro per la Basilicata? **c** Perché non andiamo lì?
2 a Non è una brutta idea. **b** Per me va bene. **c** Perfetto.

9 Invite a few people over

1 a Perché non mi venite a trovare in giugno? **b** Perché
non mi viene a trovare domenica prossima? **c** Perché non
mi vieni a trovare sabato sera? **d** Perché non mi vengono a
trovare il mese prossimo? **e** Perché non mi vieni a trovare
in estate?
2 a Per noi va bene. Ci vediamo in giugno. **b** Per lui va
bene. Vi vedete domenica prossima. **c** Per me va bene. Ci
vediamo sabato sera. **d** Per loro va bene. Vi vedete il mese
prossimo. **e** Per me va bene. Ci vediamo in estate.
3 a Ci dispiace ma non possiamo; in giugno abbiamo da
fare. **b** Gli dispiace ma non può; domenica prossima ha da
fare. **c** Mi dispiace ma non posso; sabato sera ho da fare.
d Gli dispiace ma non possono; il mese prossimo hanno da
fare. **e** Mi dispiace ma non posso; in estate ho da fare.

10 In originale: Affittasi

1 a v (provided the two brothers do not mind living with
students!). **b i. c iii** (as long as extras do not amount to
too much).
2 a double/single room. **b** single bed. **c** Monday to
Friday. **d** starting from. **e** evenings/mealtimes. **f** on offer.

II La casa in campagna

You: Quando è libera?/*You:* Quant'è l'affitto (al mese)?/Quanto costa al mese?/*You:* Che cosa è compreso?/L'acqua e il gas sono compresi?/*You:* C'è il riscaldamento?/È compreso anche il riscaldamento?/*You:* C'è il garage?/C'è un parcheggio per l'auto?

I2 How does one do it?
Ic. 2d. 3f. 4e. 5a. 6b.

I3 Funziona?

a "Scusi, questo aspirapolvere non funziona"/"Ma sì che funziona, Basta premere/schiacciare questo bottone."
b "Scusi, questa radio non funziona."/"Ma sì che funziona. Basta tirare l'antenna."
c "Scusi, questo ferro da stiro non funziona."/"Ma sì che funziona. Basta attaccare la spina alla presa."
d "Scusi, questo forno/fornello non funziona."/"Ma sì che funziona. Basta girare questa manopola."
e "Scusi, questa lavatrice non funziona."/"Ma sì che funziona. Basta premere/schiacciare questo bottone e girare questa manopola."

I4 Buon umore
a3. b1. c6. d5. e4. f2.

UNIT 8

I Quando si parte per le vacanze?

I a Laura pensa di partire il ventidue giugno, tra una settimana. **b** Carla e Marina pensano di partire il quindici luglio, tra un mese. **c** Noi pensiamo di partire il diciotto giugno, tra tre giorni. **d** I Signori Martini pensano di partire il quindici agosto, tra due mesi. **e** Io penso di partire tra il diciotto e il diciannove giugno, tra tre o quattro giorni.

2 Possessions for sale

I a (Io) possiedo una macchina che desidero vendere. **b** Mia sorella possiede una casa in campagna che desidera vendere. **c** Mio fratello possiede una bicicletta che desidera vendere. **d** I miei zii possiedono un monolocale che desiderano vendere. **e** (Noi) possediamo un computer che desideriamo vendere.
2 a ci sediamo. **b** ti siedi. **c** mi siedo. vi sedete. **d** si siedono.

3 Ti dispiace se .... ?

a Scusa, ti dispiace se uso il tuo coltello? **b** Scusi, Le dispiace se pago con la carta di credito? **c** Scusate, vi dispiace se apro la finestra? **d** Scusate, vi dispiace se partiamo (un po') più tardi? **e** Scusa, ti dispiace se ti richiamo/ritelefono più tardi?

4 Pleased, sorry or dissatisfied

a mi dispiace. **b** non mi dispiace. **c** non mi piace. **d** non mi dispiace. **e** non mi piace. **f** mi dispiace.

5 Gioie e dolori

a Non è niente. **b** Che pasticcio! **c** Che giornata! **d** Che peccato! **e** Mi fa piacere. **f** Meno male! **g** Che bello!

6 Whose reply is it?
Ib. 2c. 3f. 4e. 5a. 6d.

7 Riascolta un po'
a sulla destra. **b** vicino alla fontana greca. **c** in centro.

8 Per andare al ristorante
These are just some suggestions on how you can give the necessary directions:
a Dovete attraversare Piazza della Stazione e Piazza della Unità Italiana. Poi dovete girare a sinistra e continuare fino a Piazza Madonna. Dovete passare la chiesa di San Lorenzo e poi girare a destra, in Via Borgo San Lorenzo. Il ristorante è lì a destra.
b Dovete attraversare Piazza della Stazione e Piazza dell'Unità Italiana. Poi dovete continuare sempre dritto per Via Avelli, attraversare Piazza S. Maria Novella e prendere Via Belle Donne fino all'incrocio con Via Della Spada. Dovete continuare per Via Della Spada, attraversare Via De' Tornabuoni e continuare sempre dritto per Via Strozzi. La prima a destra è Piazza Strozzi, dov'è il nostro albergo.

9 Essere gemelli
I e anche a lei; a me non piace vivere in città, e neanche a lei; a me piacciono *The Doors*, e anche a lei.
2 a lui piace stare da solo; a me piacciono le automobili, a lui piace; davvero a me non piacciono e neanche a lui.

10 What or who is missing?
Ib. 2d. 3c. 4a.

II L'interrogatorio
I a Non parcheggio mai in divieto di sosta! **b** Non supero mai il limite di velocità! **c** Non giro mai senza segnalare! **d** Non guido mai a sinistra!
2 a La mia patente non è ancora scaduta! **b** Le mie gomme non sono ancora consumate! **c** Il mio parchimetro non è ancora esaurito! **d** La mia assicurazione non è ancora da rinnovare!

I2 Odd man out
a lo stereo. **b** il ritardo. **c** il delinquente. **d** la rubrica.

I3 Vietato!
Id. 2a. 3f. 4b. 5e. 6c.

I4 Not a chance!
a non ha telefonato nessuno. **b** non ha ancora chiamato. **c** non ho più fame. **d** non ho visto niente. **e** non piace neanche a me. **f** non sono affatto contenta.

I5 Lo sai o no?
a sa. **b** sai; sai. **c** sa. **d** sapere. **e** sai; sa; sai .

I6 Un picnic
a ne ho portato un pacco io. **b** ne ho portati due io. **c** ne ho portate due io. **d** ne ho portato uno io. **e** ne ho portata una io.

I7 Cos'è successo?
a Ho perso il treno, poi ho dimenticato l'indirizzo e poi ho sbagliato strada! **b** È scaduta la patente, poi è finita la benzina e poi è bruciato l'hotel! **c** Si è bucata la gomma, poi si è fermata la macchina e poi si è rotto il freno a mano! **d** Mi hanno controllato il passaporto, poi mi hanno rubato la carta di credito e poi mi hanno fatto la multa!

18 **In originale: Europe on wheels**
 a Sì. b Sì. c No. d No. e Sì (esclusa l'assicurazione P.A.I.). f No.

UNIT 9

1 **Suggerimenti**
 a Avete voglia di andare al cinema? b Avete voglia di bere una birra? c Hai voglia di mangiare qualcosa? d Hai voglia di parlare un po'? e Hai voglia di fare una doccia?

2 **Risotto ai funghi**
 1c. 2e. 3d. 4a. 5b.

3 **All you need ...**
 a le bastano. b mi basta/a me basta. c gli/le basta. d vi bastano. e ci bastano. f ti basta/basta.

4 **Time for the agony aunt**
 non mi ha mai dato nessuna preoccupazione; non offre niente; nessuna possibilità; non ascolta nessuno/mai.

5 **Worse off**
 a E io allora? Non ci sono mai andato/a! b E io allora? Non l'ho mai mangiato! c E io allora? Non l'ho mai bevuto! d E io allora? Non li/ne ho mai trovati! e E io allora? Non ci sono mai andato/a! f E io allora? Non le ho mai viste! g E io allora? Non l'ho mai vinta!

6 **Villaggio Turistico Giomar**
 a ce n'è uno. b ce ne sono due. c ce ne sono due. d ce n'è una. e ce ne sono tre. f ce n'è una.

7 **Di chi è quello?**
 a quelle; quelle. b quell'; quella. c quel; quello. d quella; quella. e quei; quelli. f quello; quello.

8 **Commenti**
 1c. 2b. 3h. 4d. 5f. 6a. 7e. 8g.

9 **L'assistente**
 a Mi dispiace, ma sta recitando. b Mi dispiace, ma sta meditando. c Mi dispiace, ma sta riposando. d Mi dispiace, ma sta uscendo. e Mi dispiace, ma si sta vestendo. f Mi dispiace, ma sta prendendo il sole.

10 **Riascolta un po'**
 a le tagliatelle. b un cuoco. c vino.

11 **In originale Amiche rane!**
 a Un climatizzatore. b Paludi, stagni e acquitrini malsani. c Una casa fresca e ventilata. d È potente, sicuro, programmabile e semplice da usare.

12 **Curiosità**
 1 a Cosa hai intenzione di guardare? b Cosa hai intenzione di cucinare? c Cosa avete intenzione di comprare? d Dove avete intenzione di andare? e Dove hai intenzione di vivere?

13 **Chi ha paura di ... ?**
 1 a Le fanno un po' paura i fantasmi e le fanno molta paura i serpenti e i temporali. b Gli fa un po' paura la solitudine, gli fanno un po' paura i serpenti e gli fanno molta paura i cani. c Non le fa paura il buio e non le fanno paura i fantasmi.

14 **Cosa hanno visitato?**
 a Abete. b Binocolo. c Bussola. d Ape. e Zanzara. f Insetti. g Arrabbiarsi.
 Hanno visitato un'abbazia.

15 **Just another one!**
 1 a un'altra. b un altro. c un'altra. 2 a altre. b un altro. 3 a un'altra. b altri.

16 **Sapere o conoscere**
 1 a Conosco. b So. c Conosco. d So. e So. f Conosco. g So.
 2 a Lo so, lo so. b Sai che ti dico?

17 **In originale: Piccole passeggiate**
 1 a Tour of. b The path runs around the .... c The average walking time is ... d On the way back towards ... e There are an abundance of flowers of many species ...
 2 a 2 or 3. b 2. c 5. d 1.

UNIT 10

1 **Che or di?**
 a di. b che. c che. d di. e che. f che. g di. h di. i che.

2 **Secondo me ...**
 a Secondo Antonella Venezia è la più bella città italiana. b Secondo il Sig. Rossi la moda italiana è più creativa di quella francese. c Secondo la Dottoressa Romani i cibi vegetariani sono più utili per restare in forma della carne. d Secondo Carla i diamanti sono le pietre preziose più belle. e Secondo il Professor Micheli il turismo è più importante dell'industria della moda per l'economia italiana oggi. f Secondo Maria questo negozio di pelletteria è il migliore di tutti.

3 **Which suits you better?**
 a Qual mi sta meglio, quello beige o quello verde? b Quali mi stanno meglio, quelli chiari o quelli scuri? c Qual mi sta meglio, quella a quadretti o quella a righe? d Quali mi stanno meglio, quelli rotondi o quelli ovali? e Qual mi sta meglio, quello rosa o quello rosso?

4 **In originale: Prodotti regionali**
 2 a falso. b vero. c falso. d vero

5 **Migliore, peggiore o ... ?**
 a migliore. b i peggiori. c meglio. d migliori. e i migliori; meglio. f meglio. g il problema peggiore.

6 **L'anno misterioso**
 1 a Mille. b quattro. c cento. d novanta. e due.
 2 È il millequattrocentonovantadue, l'anno della scoperta dell'America.

7 Have you got it?

a Ce li hai; ce li ho. **b** ce l'hai; ce l'ho. **c** Ce l'ha; ce l'ho/abbiamo. **d** Ce l'ha; ce l'ho. **e** Ce le hai; ce le ho. **f** Ce l'ha; ce l'ho.

8 Proverbi

1d. **2**c. **3**e. **4**b. **5**a.

1 A bird in the hand is worth two in the bush. **2** Going from bad to worse. **3** Better late than never. **4** Better be safe than sorry. **5** The worst is still to come.

9 The house that Jack built

1e. **2**f. **3**a. **4**d. **5**b. **6**c.

10 Riascolta un po'

a forse. **b** io trovo. **c** certamente. **d** cioè. **e** tant'è vero che.

11 E poi ... ?

a E poi che altro hai comprato? **b** E poi che altro ha provato? **c** E poi con chi altro ha litigato? **d** E poi che altro hanno venduto? **e** E poi a chi altro hai telefonato?

12 Bene, buono, bello o bravo?

1 bene. **b** bravo; bene. **c** bel/buon; bravi; bene; bel. **d** belli; buoni; buona; bel.

13 Cruciverba

1 costume da bagno. **2** mani. **3** braccialetto. **4** crisi. **5** lenzuola. **6** acciaio.

14 I contrari

a corti. **b** scariche. **c** vietato. **d** esaurito/pieno. **e** giusto; giusto. **f** larga.

15 In originale: Consigli di moda

1 a For Christmas and New Year's Eve/New Year's Day. **b** A white shirt. **c** Red and black. **d** High-heeled shoes: Valentino likes them, Versace says women should not force themselves to wear them. **e** The classic little dress: eternal for Valentino, out of fashion according to Versace. **f** Versace recommends black denim, Valentino is in favour of skirt-like, chiffon trousers.

16 Vuole lasciare la famiglia!

Non riesco più a vivere; Mi proibisce di andare; non mi permette di usare; comincio a essere; Ho deciso di scappare; mi dispiace lasciare; Spero di ricevere ...

REVISION: UNITS 6–10

1 Informazioni

1 Scusi, per il teatro come faccio? **2** Scusi, per l'azienda di turismo come faccio? **3** Scusi, per la cattedrale come faccio? **4** Scusi, per la banca come faccio?

2 Il pronome giusto

a ne; **b** le; **c** ne; **d** la; **e** li; **f** lo; **g** ne.

3 Al telefono

1 Pronto; mi dispiace; mi sa dire/sa dirmi/mi può dire; telefono/ritelefono/chiamo/richiamo.
2 Posso; Sono io; Posso venire/Va bene; Sì, va bene/d'accordo; vediamo.
3 Sono; un attimo/un momento; chi parla; ti va; un impegno/da fare; che.

4 Dates

a Il primo d'aprile; il pesce d'aprile. **b** Il quindici agosto; Ferragosto. **c** Il venticinque dicembre; Natale. **d** Il sei gennaio; l'Epifania.

5 Le piace

Le posso fare; mi può dire; ci piace/a noi piace andare; vi piace/a voi piace andare in hotel; a me piace molto il campeggio; a lui piace la vita; a lei cosa piace/cosa le piace fare; a lui piacciono le vacanze.

6 Asking questions

a Per chi lavori/a? **b** Da che/quale binario parte il treno? **c** Di chi sono gli/questi orecchini? **d** A chi scrivi/e? **e** Con chi parlo? **f** Di che colore è la tua/Sua macchina?

7 Non ancora ...

a non ... ancora. **b** non ... nessuno. **c** non ... neanche. **d** non ... niente. **e** non ... mai.

8 Acquisti

1 a Quanto costa la/quella camicia bianca in vetrina? **b** Ne avete una gialla/Ce l'avete in giallo? **c** Mi piace, mi sta (proprio) bene. **d** Prendo quella gialla.
2 a Posso provare un paio di scarpe nere, numero 42. **b** Sono un po' strette. **c** Posso provare/Posso vedere/Le dispiace farmi vedere un numero più grande. **d** Mi piacciono, ma sono un po' troppo care/costano un po' troppo.
3 a Che bella (giacca)! **b** Dove l'hai comprata? **c** Quanto l'hai pagata?

9 Lettera all'architetto

possiedo un mini-appartamento; è lo spazio; sto pensando di unire; so che oggi; si possono usare; ce n'è una .

10 Di più, di meno

a più; migliore. **b** meno; più; più. **c** più; più; meglio; meno. **d** peggio; peggiore.

11 Being hospitable

a Accomodatevi. **b** Accomadati. **c** Si accomodi.

11 Caro diario ...

è stata; mi sono svegliato; ho preso; hanno funzionato; sono andato; ho giocato; ho perso; è aumentato; Sono tornato; ho avuto; ho visto; sono andato; Ho passato; mi è piaciuto; mi è passato.